U0021057

選房、殺價、裝修，羅右宸幫你挑出

全圖解

增值屋

房地合一激出脫手潮，30年最佳購屋時機！

從選房到裝修，經手100間屋子的達人幫你搞定

零頭款買房達人 羅右宸 ◎著

購屋流程圖

找物件
- 確認需求
- 上網找資料或到售屋中心、房仲店，也可以向各社區的警衛或保全、街坊鄰居打聽。

看房子

預售屋	新成屋	中古屋
到預售中心看樣品屋。	到接待中心看實品屋。	找房仲或屋主看中古屋。

付訂金

付斡旋金

3天契約審閱期

找代書（地政士）陪同簽約並付簽約金

用印

申請房貸

（接右頁）

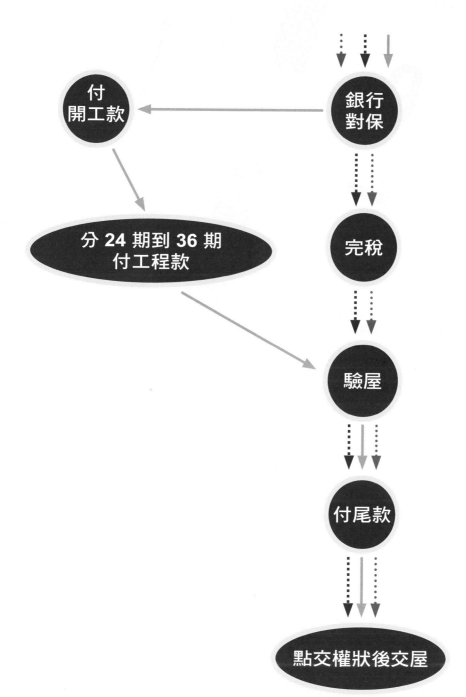

目錄 contents

序章　暌違 30 年的購屋時機，已經到了！　*021*

推薦序一
第一次置產，
就買到抗跌、易漲的好宅

正聲廣播電臺「日光大道」主持人　張欣民

　　不論是自住或是投資房地產，最重要的是要勇敢跨出第一步，但第一步是什麼呢？對首購族而言，第一步是要多看屋、多看書；多看屋可累積自己看屋的實務經驗，多看書可以將別人的經驗，轉化為自己所有。

　　過去有句台灣俗諺說：「選舉沒師傅，用錢買就有」，過去台灣房地產市場似乎也適用類似的一句話：「投資房屋沒師傅，用錢買就有」，所以過去想要投資房地產，第一前提是要有錢（至少要有自備款），而市場上是沒有師傅在教的，因此在沒經驗及知識的情況下，用錢買屋的結果有二：一是幸運的賺到順風機會財；二是慘遭套牢、血本無歸。

　　現在國內房地產市場雖然不景氣，卻有很多房市老師，不斷致力於教授正確的房地產經驗與知識，市面上也有很多實戰的房地產書籍，將個人的投資成功經驗無私的奉獻，現在想要投資房市的人，不用再像過去一樣完全靠運氣了。

　　記得今年初有機會到新竹科學園區一家科技大廠演講，台下

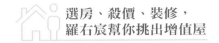
兩百多位所謂的電子新貴，個個都對購屋有興趣，聽我演講也聽得津津有味，其中有購屋計畫的超過三分之二，光從這樣的樣本數就可知道，台灣房市景氣會修正，但不會凋零，永遠有希望、有春天。

只是再進一步詢問，去年有看屋的人卻是寥寥無幾，研判不是科技新貴本身工作太忙，就是他們對於購屋要做功課的概念還太低。有購屋計畫，或有購屋需求，一定要勇於跨出第一步，不要停在紙上談兵。

因此建議讀者，有時間就要到處看屋，不管景氣好壞、不管天氣好壞，也不管中古屋、預售屋，有機會就去看，但不是走馬看花，而是要勤做筆記，累積自己看屋的敏銳度與專業度。所謂三折肱而成良醫，房市也一樣，在多看、多問的前提下，加上勤做筆記，即使不當房市大贏家，也一定可以成為一位房市達人。

當然，市面上的房市投資類書本也是充實個人知識的捷徑，有人看過數百間房屋，有人投資上千戶房子，他們是怎麼看的？他們是怎麼做到的？買本書花幾小時就可將他們的精髓都學到，這是多麼划算的一件事，再跟自己看屋的經驗與筆記做印證，投資房市成功心法與撇步，就盡在你手中乾坤。

推薦序二
別猶豫！
在房市最冷的寒冬你更該買房

房地產專家　**田大權**

什麼時候變的？月薪 22K 買不起帝寶，全世界都對不起你！政府該下台、建商該槍斃、投資客該下地獄……。

什麼時候變的？捷運完工通車、區域發展利多、就業機會增加，這些都是理所當然，但是，房價就是不能漲、不該漲、不准漲！漲了就是炒作……。

什麼時候變的？土壤液化造成人心惶惶，但是要房價打個七折，土壤液化的安全性就沒有問題了？

房市變動的過程中，專家與大師們開始摸著水晶球，用過去的經驗，講著未來的趨勢，口口聲聲說這裡要跌 5％、那裡該跌 10％、平均至少要修正 15％！景氣明年會起跌、後年會趕底、大後年會落底……，會不會反彈？天機不可洩露，時候到了，自然就知道。

絕大多數的朋友只有一間房子，能買到一間好房子，過上幾十年安適幸福的生活才是重點。房價漲跌，表面看來似乎與自住無關，但是如果等到要換屋的時候，你真的願意為了居住正義，

依照當時購入的原價出售嗎？許多學者疾呼年輕人買房子好辛苦，那麼換個方式想，你願意把你的房子打六折賣出嗎？

多數人賣屋的心態，不外乎認為自己住了 30 年的老房子，至少應該加兩倍賣給別人，那麼剛完工的新房子，又為什麼應該打對折便宜賣給你？每個人總希望找到一個比你有錢、比你笨的人，用你開出的價錢，霸氣的買下你的房子，讓你大賺一筆。另一方面，又希望另一個比你有錢、也比你笨的人，用你期待的價格，佛心的打個對折把房子賣給你，讓你少付一點。這兩個有錢的大笨蛋，在地球上到底存不存在？

看到右宸兄在房市最冷的寒冬，出版房地產的教戰守則，一則以憂，一則以喜。擔憂的是，在現下這個酸氣沖天的氛圍中，教人買房子投資，不被那些月薪 30K、一心想著要花777年才能住進帝寶的年輕鍵盤高手酸死才怪！右宸確實要有相當程度的抗酸性、耐酸性，才能頂得住。

欣喜的是，這個社會不管吹什麼風，總要有人說點真話，再怎麼正義的大旗，也不能拿槍頂著人不准買房子；對於真正買房子的人而言，總該學點該留意的竅門兒，總該花點精神練練一些專業的功夫。右宸的心得，雖然不見得適合每個人，倒是可以看看他這套功夫，一路是怎麼練出來的，作為自己購屋的參考。

房市景氣與房價的起伏與變動，變是常態，不變才怪。為自己的生活，找到幸福的方式，永遠不變，而且無價！

作者序

我整理過 100 間房，
為住宅創造最大增值空間

自從上一本書《我 25 歲，有 30 間房收租》出版後，讀者們對於房地產的疑問，排山倒海而來。許多朋友們在房地產遇到的問題，勾起我好多的回憶，想起從無到有的過程中，我也遇到了大家都會遇到的難題，幸運的是，我這一路走來一直有貴人及熱心的前輩願意指點我，讓我可以快速提升能力。

於是在這本著作中，我匯集了各方朋友們對房地產的疑問，在書中分享自己的經驗，但因為有些部分，很難用文字的方式清楚的表達，所以我在這本書中，從蒐集資料、找物件、看房到與仲介交涉、出價、裝修到交屋，一步一步用圖解的方式解說，並搭配影音介紹，希望讓剛接觸房地產，或想要買屋置產的人，都能更快掌握選房、殺價及裝修的訣竅，買到一間住起來「素適」，又有增值潛力的房子。

主動為房屋增值不只能獲利，
還能為他人提供好住居

前幾年的房地產市場價格一路上漲，你應該經常耳聞：誰誰誰買了房子又賺多少錢。

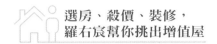
但自從政府開始推動實價登錄、房地合一稅之後，房地產的價格越來越趨於透明，所以對於短期的投資客來說，已經越來越難用這個方式繼續經營了。

我在第一本書中提到自己對於財富的看法。我覺得從古至今，**財富的原始法則就是創造價值、分享價值**。當然我也付諸這個理念，實踐在我的房地產事業。這讓我想起之前購買的一個物件。

在民國 102 年，仲介小黃突然跟我說一個案子：「右宸，跟你講一個案子，地點在中壢區溪洲街，屋齡為 20 年，樓高六樓，45 坪的電梯五樓華廈，隔成六間套房，才開價 498 萬，要不要過來看？」

我一聽到價錢就覺得非常便宜，到中壢車站又只要 5 分鐘的車程，而且也不是頂樓，較不容易有漏水問題，於是馬上趕過去現場看房。

但是一進門，房屋內況真是慘不忍睹（見第 17 頁圖表 B），雖說內部隔成六間套房，不過裡面的狀況都糟到不能住人，家具和家電也只剩下冷氣還可以勉強使用。隔間牆是用早期的木板裝潢，感覺用力敲一下就會被打破。廁所底下牆角的管線，都有黑黑的漏水痕跡。看完整間房子後，我直覺反應只能大整理了。

想不到地下室還附有一個車位，我當下還以為賺到了，結果竟然不能使用，為什麼呢？因為它是升降機械式車位，故障後就

沒有人維修，地下室也荒廢在那裡，等於空有車位坪數，卻毫無實際價值。

不過，轉換個想法，這些都是我可以議價的籌碼了。最後，我以開價九折、450萬成交，換算下來1坪才10萬元。接著，我開始思索要如何提升這社區房屋的價值，解決一般人都不想解決的麻煩。

我將這間房子的特色整理出五大重點：

一、總社區才24戶，屬於小社區型華廈，平常沒定期收管理費，只有要維修電梯時，才由主委統一收齊費用。再加上地下停車位只有九個，根本沒人停，也沒有人想要整理，代表以後沒有車位管理費的問題。

二、整個社區屬於大3房坪數格局，室內加附屬建物面積有33坪，因附近都是只有四樓高的透天厝，所以我這間五樓的採光、通風都還不錯，又是邊間，有三面採光，原始格局有兩間衛浴，都有開窗。

三、車程距大賣場、中壢車站只要5分鐘，走路5分鐘內就有兩座公園，離中壢海華SOGO百貨商圈也只有5分鐘車程，生活機能非常好，適合一般小家庭居住。

四、這附近新屋齡的房子成交價，每坪都站穩20萬大關，一般屋齡20年、屋況一般的房子，也有約15萬的行情，因為要包含我的利潤及裝修款項，所以保守估算，我入手的價格要落在每坪10萬左右。

五、基於這個地點不適合做套房收租，加上屋況已經不堪住人，所以一定要重新加工，又因為裝潢預算實在太高（同樣坪數以套房出租類型改裝，至少要抓快 200 萬的裝潢費），加上我預計回收的利潤，轉手賣出時的總價至少要落在八字頭以上。

然而考量到當時附近的新成屋，皆已達九百多到一千出頭的價位，所以我決定把原本的套房格局通通打掉，變回一般小家庭的三房住家格局。

最後我還做了一項整合，就是去詢問這社區九個持有車位權狀坪數的住戶（我是其中之一），一起協商出錢，處理現在地下室不能使用的窘境。我先請師傅估價，計算翻修整個地下室，加上把升降機械改成坡道平面車位，約需 50 萬元，等於一戶出不到 6 萬，就可以享有市值 100 萬的車位。因為條件非常誘人，我花了不到一個月，就說服了所有持有人。

在這個物件中，我等於只花了六萬多，就賺了一個 100 萬的車位。從我的買入價約 450 萬，貸款八成 360 萬，自備款 90 萬元。每月房貸必須繳交約 2 萬元，加上其他雜費，包含：仲介費 9 萬元，代書費及相關稅費約 5 萬元，我裝潢成本約抓 90 萬元。總共的成本為 560 萬元。

▶圖表A　此房屋從購入到完成裝潢的總成本

項目	購入房價	仲介費	代書及相關稅費	裝潢成本	車位整理
金額	450 萬	9 萬	5 萬	90 萬	6 萬

▶圖表B　屋況非常糟，得整間打掉重練

1	2
3	4
5	6

［1］［2］樓上鄰居的外管竟然亂接一通，屋內到處都是黑色的漏水
　　　　痕跡，勢必得處理修繕。
［3］［4］室內隔間全部打掉，重新裝潢。
［5］［6］裝潢後的全新樣貌。

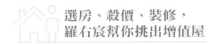
▶圖表C　剛整理完、還未畫線的地下停車場

　　最後我附帶百萬裝潢，以市價 1 坪 15 萬元賣出，由於跟一般的同類型產品比起來，我的售價很便宜，加上內部已重新整理，所以很快就以總價 675 萬，賣給一對剛生小孩的新婚夫妻。最後扣掉仲介費及其他雜費，實拿約 650 萬，再扣掉買這間房子的成本，總共賺了 90 萬元。計算如下：

650 萬元（賣屋實拿金額）－560 萬元（買入成本）
＝90 萬元

　　有些人可能會懷疑，現在房地合一稅上路，還有可能創造出這麼大的利潤空間嗎？

　　其實，房地合一稅對自住和擺長期投資的人影響不大，只要擺兩年以上、未滿十年，稅率就會降為 20%，對喜歡炒短

線、或買預售屋賺工程期免付貸款的人來說，才會有較大的資金壓力，因為持有未滿一年售出，要繳的稅率是 45％，而未滿兩年轉手售出要繳的稅率則是 35％（詳見第 25 頁購屋知識補給站）。

所以，只要擺的時間夠長，加上挑選標的時，能夠看出房屋的潛力，盡可能以低價入手（低總價的房屋約打九折、被炒高或本身條件差的標的，可以出到七折到八折），再用點心思為它創造更高的居住價值，你一定能買到一間抗跌、易漲的好房子。

透過以上這個例子就會發現，無論是什麼樣的房子，都能創造出增值空間，端看你是否具備掌握房屋價值的眼光。

而且當你主動為房屋創造價值時，同時也**讓下一位住屋者受惠**，獲得更好的居住品質，我認為，這才是房地產最大的價值。

睽違 30 年的購屋時機，已經到了！

第一節

等我存夠錢再買房……，錯！
多數人買了房才開始存到錢

在高房價時代，究竟是要咬牙買房還是租房？總有不同的論點，我在網路上曾看到《好房網》針對這個議題做調查，結果，仍有超過 70％ 以上的人支持買房；反觀支持租屋的民眾，最大理由仍是買不起，而「房市看跌，先觀望」排名第二，顯示民眾想買屋但觀望心態濃厚。

我認為，選擇租屋或買房基本上沒有對與錯，全憑個人判斷。像我認識一個年收入破 5,000 萬元的陳老闆，他到現在寧願跟家人一起住在起家厝，也不願意買自己的房子。明明手上有這麼多現金，大可買間更大、更好的房子，但他非常勤儉持家，對陳老闆來說，把現金留在身邊反而更有安全感。

我也有很多主張租屋的朋友，即使成家後也不打算買自己的房子。有一位朋友跟我說，她覺得房貸壓力會讓她和另一半的生活品質變調，而且買了房就不能說搬就搬，若是向別人租房子，一旦遇到惡鄰居或對附近的環境膩了，想搬家就能立刻行動，像這樣為生活增添新鮮感也不錯。

但當她有了小孩，這個觀念便徹底改變了，因為她必須為小孩存教育基金，金錢運用就要更謹慎。如果用同樣的租金繳貸

款，對她來說無非是強迫儲蓄的最好方式，假如將來價格不錯也可以轉手賣出，讓自己的資金運用更有彈性。

房貸就是儲蓄險，優點是能隨時解約

很多人都覺得一旦買了房子後，要負擔幾百、幾千萬的貸款非常可怕，而且一背就是十、二十年，一想到接下來的日子都得省吃儉用，就覺得未來毫無希望可言。

實際上，一般人平均一生會換屋兩到三次，部分首購族可能會因為家庭或工作的需求而換屋。比方說，由於小孩的學區問題，打算將持有十年的房子出售，當時買這間房的價格若為 500 萬，持有十年漲了三成變成 650 萬，若當初買房時貸八成，也就是貸款 400 萬元，一旦賣掉後，把原本的貸款通通還清還有賺，就可以拿這些賺到的錢，再換一間更大的房子或做其他運用。

計算方式如下：

> 650 萬元－500 萬元（含貸款八成 400 萬元，以及當初買房自備的 100 萬元）＝150 萬元

買房主義者通常都是抱著先苦後甘的想法，只要擺得夠久，幾乎都會賺錢，除非自己有資金上的壓力，或是價格打平出售，如果衡量好每月能負擔的貸款支出（建議為全家總收入的三分之一），壓力就會小很多。

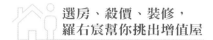

　　我有一個朋友跟我分享自己的親身經歷。他在民國 80 年因為工作的關係買了一間房。但是民國 80 年左右正好來到房價的高點，即使擺到現在，頂多也只是平盤（當初的房價＋這幾年的利息錢打平）。不過，若他當初選擇租房子，他付了二十幾年的租金就收不回來了。現在他買這間房雖然沒有賺錢，但也等於是免費住了這間房子二十幾年，和租房子比還是比較划算。

　　而且萬一臨時有急用，房子本身也是救命仙丹，除了本身增值的部分，可以把多貸出來的錢拿來救急，賣出後還有一筆錢可以周轉，這就是為什麼很多人從買到房子後，才開始存到錢。

　　再加上房地合一稅正式上路，我認為這是買房自住的最佳時機。怎麼說呢？因房地合一稅的法案內容顯示，非自用房地出售，持有一年以下，稅率為 45％；持有一年至兩年，稅率 35％；持有兩年到十年，稅率 20％；持有十年以上者，稅率 15％。若發生非自願性買賣情形，只要不動產持有期間未滿兩年，且符合「非自願性移轉」、「合建分售、繼承、遺贈」條款，就適用 20％ 的較低稅率（詳見第 25 頁購屋知識補給站）。

　　也就是說，隨著房市價量雙跌，屋主心態已漸鬆動，轉為擁現金為王。現在房市已進入買方市場，議價空間更大，因此正是置產的好時機！

購屋知識補給站

● **房地合一稅：**房地合一指的是房屋及土地，以合併後的實價總額，扣除實際取得成本後，按實際獲利課徵所得稅。其詳細內容如下：

		所得稅稅基	房屋＋土地實際售價－取得土地成本－土地漲價數額。
非自用住宅	境內居住者	民國 105 年 1 月 1 日以後取得並賣出	持有期間 <1 年，稅率 45%。
			持有期間 1～2 年，稅率 35%。
			持有期間 2～10 年，稅率 20%。
			持有期間 >10 年，稅率 15%。
		民國 103 年 1 月 2 日以後取得，並於民國 105 年 1 月 1 日以後賣出	持有期間 <2 年，稅率 35%。
			持有期間 >2 年，按現制課稅，土地課徵土地增值稅，房屋課稅徵產交易所得稅。
		例外條款（防錯殺條款）	1.非自願性（離職、非自願離職）因素 2 年內出售，稅率 20%。2.合建分售於 2 年內完成，稅率 20%。3.繼承與受遺產贈與取得房屋者，可將被繼承人或遺贈人持有期間合併計算。
	非境內居住者（外國人）	稅率	持有期間 <1 年，稅率 45%。
			持有期間 >1 年，稅率 35%。
自用住宅	免稅條款	條件	夫妻及未成年子女設籍，持有並居住連續滿 6 年，且無作為出租與營業使用者。
		稅率	1.獲利 400 萬元以下免稅。2.獲利 400 萬元以上，稅率 10%。
		限制	6 年內限使用一次。

		重購價格高（等）於出售價（小換大）	全額退稅。
自用住宅	換屋退稅（重購換屋者）	重購價格低於出售價（大換小）	比例退稅。
營利事業單位	稅率	本國企業	17%，併入營所稅結算申報。
		外（陸）資企業	持有期間 <1 年，稅率 45%。
			持有期間 >1 年，稅率 35%。
適用對象	民國 103 年 1 月 2 日後取得者、民國 105 年 1 月 1 日出售房屋而獲利者，且持有未滿 2 年者適用。		

＊資料來源：MoneyDJ 理財網

只要房貸利率不超過 4%，存錢不如向銀行借錢買房

那麼，什麼時候是買房的最佳時機？不少專家學者表示，自住的房子什麼時候買都沒差，只要準備好頭期款，並確定自己有能力負擔貸款就可以進場。

但我認為，利率維持不變的狀況下，還是有些微的影響。以近幾年的案例來看，這十年間房貸利率皆在 2% 上下，民國 97 年金融海嘯時，中壢市屋齡三年左右的物件，1 坪價格約在 10 萬上下，45 坪 3 房＋車位的電梯大樓，總價約為 450 萬元。頭期款保守估計準備兩成（若房屋本身條件好，甚至只需要一成），也就是約 90 萬，其餘 360 萬以貸款的方式，每月繳交約 2 萬元，就能擁有一間房子。

接著，若能在房地產景氣最高峰時，如民國 103 年下半年賣出，當時的房價一坪能賣超過 20 萬，原來 450 萬元買到的房子，價值立刻翻倍變成 900 萬元，這對當初買屋的人來說當然是賺到。但對想成家置產的小資男女來說，卻是極大的負擔，因為光自備款兩成就需要 180 萬，還要再貸款八成 720 萬，等於每月繳約 4 萬元的貸款，買房成為遙不可及的夢想。

一直以來台灣央行的存款準備率升降息，都是參考聯準會的動作調整。自從美國聯準會實施量化寬鬆政策後，瘋狂印鈔票以振興美國經濟，台灣的房屋貸款利率就從 20 年前（民國 85 年）的 8%，在 10 年前（民國 95 年）慢慢掉到 2% 左右。

民國 80 年代，平均薪資其實沒有比現在高多少，但每月要繳交的房貸利息卻比現在重很多，一樣是貸 100 萬，民國 80 年的利率是 8%，光利息就要繳 2 萬元，對當時的人來說，房貸就占了薪資的一半以上，是非常沉重的負擔。但到了民國 95 年，利率降到只剩 2%，等於每個月只要繳 5,000 元（不包含本金），而且 20 年前還不能像現在一樣，可以將貸款年限拉長至 30 年，相對輕鬆許多（見第 29 頁圖表 0-1）

雖然當時房價較現在便宜，但買房所背負的壓力以及繳的貸款利率，比現在高出許多，所以我不認為當時的人買房子比較輕鬆容易，只是壓力的來源不同，以前每月要繳交的利息多，現在則需要準備更多頭期款。

而且在高利率年代（7% 以上），每個月只要資金稍微周轉不靈，房子就很容易被查封而血本無歸（現因低利率加上高房

價，法拍屋的數量越來越少），與現在 2% 以下的低利率比較起來，目前持有房產的成本相對低很多。以當前房貸現況利率沒有大幅調整的狀況下，平均維持在 1.7% 至 2.3% 之間，在銀行定存利率不到 1.5% 的狀況下，沒有理由不向銀行借錢買房子。

也就是說，光把錢放在銀行裡，**只要通貨膨脹在 2% 以上，就會使金錢的價值縮小，換言之，若房貸利率不超過 4%，與其把錢存在銀行不如向銀行借錢買房。**

總結來說，利率跟房價會成反比，當房子因為利率提高，持有成本跟著提高的狀況下，一般受薪階級若繳不出貸款，房價就會跟著下跌。

不過，因為現在是低利率時代，所以重點在於持有時間，只要能撐得久、口袋夠深，基本上買房置產都能獲得不錯的利潤。而且，房價要大幅崩跌的機率不大，只是要特別注意現金流，因為會有一部分的資金卡在房產裡。

▶圖表0-1　台灣歷年來存款利率變化（民國 77 年到民國 105 年）

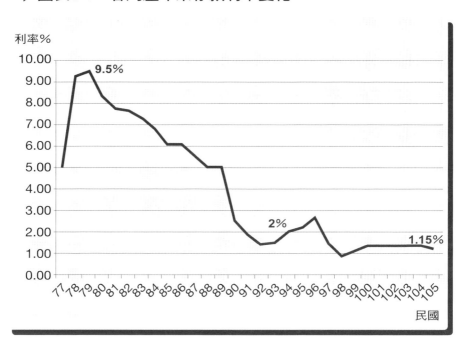

民國	77年	78年	79年	80年	81年	82年	83年	84年	85年	86年
利率%	5.0	9.25	9.50	8.25	7.75	7.63	7.30	6.80	6.05	6.08

民國	87年	88年	89年	90年	91年	92年	93年	94年	95年	96年
利率%	5.55	5.00	5.00	2.50	1.88	1.40	1.53	1.99	2.20	2.64

民國	97年	98年	99年	100年	101年	102年	103年	104年	105年
利率%	1.42	0.90	1.14	1.36	1.36	1.36	1.36	1.36	1.15

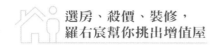
景，環境相當清幽，但因地點偏僻，生活機能較不方便，可能只有準備退休的人會有興趣，市場的需求相對較低，仲介也會因為距離太遠而導致帶看率降低，因此待售的時間，比一般在市區的房子長，連帶影響到他現金周轉的靈活度。

同樣的價位若他當初選擇買在市中心，因為交通便利且生活機能強，就算景氣不好，市場需求還是很大，轉手的速度也會比較快。要是剛好在明星學區的範圍內，附近又有公園及賣場，成交的時間會更快。由此可知，買房時除了要考慮自己的需求外，保值與增值性也要一併考慮進去，而若要周轉率高一點，地點就是最重要的因素。

自住，更要考慮保值與增值

你或許曾聽老一輩的人說：「買房子絕對不可能賠錢，例如民國 60 年左右，在台北大安區買房子，一坪才 10 萬元。到了現在（民國 105 年）一坪已經漲到 100 萬了，獲利高達十倍，因此投資房地產絕對不可能讓你吃虧。」

但我也聽過朋友抱怨：「我在兩年前用一坪 25 萬的價格，買了一間預售屋，現在就快交屋得開始繳貸款了，但好死不死遇到景氣不好，賣都賣不掉，賠了 100 萬元才脫手。」

如果買房置產真的是穩賺不賠的投資，為什麼有人賺翻倍？有人卻慘賠 100 萬？

最重要的因素就在於地點，好的地點就算屋況差，只要稍微

整修一下，還是能有不錯的報酬率。但若地點沒選好，就算物件本身的條件不錯，即使你花再多時間等待，價錢也很難如你所願。

不過，除了地點之外，想買一間會增值的房子，還有另外兩個關鍵因素：

1. 持有的時間。
2. 利率。

以上這兩個要素就是你置產之後，持有房地產的成本。當持有的時間越長，就表示你必須承擔的風險越高。

持有的時間＋利率＝持有成本

話說回來，想投資房地產的人無非希望自己能在最低點購入，但所謂的低點或高點其實是相對的，很難精準預測。又或者，你經常在新聞上看到，學者宣稱房地產還會連跌十年，現在不是買房的時機，但事實是，現在的房價比起十年前，都已經翻了一倍，就算跌個三成，很多人還是買不起。因此，**何時買其實不是重點，而是你打算持有多久？**

如果是買來自住的房子，持有時間至少會抓五到十年。假如運氣很差，十年後要賣房或換屋時，剛好遇到經濟不景氣，房價持續下跌，這時最好的方式就是擺著。因為自住比較不會有強烈

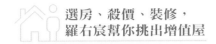
的資金或時間壓力，雖然勢必得多付幾年的利息，不過只要多給它一些時間，房地產價格終究會往上漲。

以我家為例，母親在民國 86 年，用 460 萬買下六樓頂樓，45 坪、3＋1 房，附加一個平面停車位，是位於中壢市區民享街的電梯華廈。中間遇到民國 97 年金融海嘯，最慘時跌到 350 萬左右，但在民國 104 年市值至少還有 650 萬。

▶圖0-2　自住的房子，不急著脫手

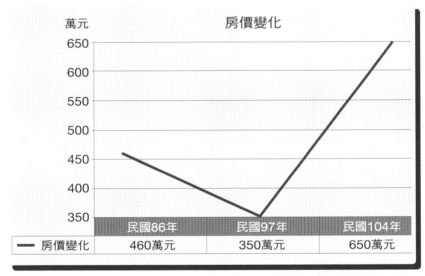

房價變化	民國86年	民國97年	民國104年
── 房價變化	460萬元	350萬元	650萬元

＊以我母親買在中壢市區的電梯華廈為例。

由此可知，自住的房子若沒有時間或金錢的壓力，建議可以長期持有，畢竟房地產這種產品不太可能急速跌價，反之還可能在兩、三年間翻倍上漲，讓你獲得更漂亮的利潤。

尋找市場上突然出現的好宅

　　話說回來，在高房價的時代，雖然貸款利率低，但對首購族來說，最難跨過的關卡無非是頭期款。我當初開始投資房地產時，一樣面臨這個難題，因此，我那時就決定，只買低於市價的房子，這也是我目前擁有 50 間套房的關鍵。

　　看到這裡你或許會有疑問，如何找到市價被低估的房子？我的作法是，去參考那些市價被高估的物件。不過在這之前，你應該先了解房屋是如何增值的？我整理成以下兩種方式：

一、等待增值（被動）

　　例如：桃園某地區的行情價值約為 1 坪 20 萬元，兩年後增值到一坪 25 萬元，等待兩年賺取每坪 5 萬元的價差。

二、買低於市價的房子（主動）

　　例如：桃園某地區的行情價值約為 1 坪 20 萬元，但此物件的屋況有急需處理的問題，如：漏水、壁癌、格局……等，我們會用低價（市價七折到八折左右）買進此物件，再重新整理並調整格局，創造此物件的居住價值，主動為房屋增值。

　　這兩種增值方式，會因景氣好壞而有極大的落差。在市場行情看漲時，房子擺著就能增值，稍微裝潢整理一下，又能創造更高的獲利空間。不過，若遇到不景氣時，房價自動增值的動能不強，這時若能以低於市價的價格購入，例如，行情價值約為 20 萬一坪，若預估裝潢的花費為每坪 2 萬，那就要控制成交價在一坪 16 萬到 18 萬之間（八折到九折），最後以 20 萬到 22 萬元賣

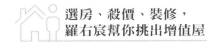
出，賺取每坪 2 萬的價差。如果當時的市場非常不好，可能會有較大的議價空間，但是因為都不好賣，所以必須更保守估計房子的價格。

我通常在買進房子時，就會預想好將房屋脫手的價格，約為目前市場成交行情的九折。因此，在景氣不好的時候，我會盡量購買在市中心的標的，這樣風險比較小。

不過，位在市中心的好房或是優質社區，此種物件的釋出量較少。在房市景氣好時，屋主都會自我感覺良好，常常會開天價試試市場水溫，建議購買前，還是要打聽一下附近的成交行情，別不小心被當成凱子。

而我不建議買郊區的房子，理由是這個區塊房價上漲的速度，比市中心的房子快且起伏大，在景氣好時，即使是公寓頂樓、無尾巷、華廈二樓等條件較差的房子，都可以很容易的被賣掉；但在景氣差的時候，郊區房價的跌幅，會大過市中心的房子，因為當時房價怎麼漲起來的，就會怎麼樣的跌回去。尤其條件較差的房子，根本沒人願意去看。

再舉個例子，我的朋友阿元在做仲介，他於民國 103 年房市景氣的反轉點，買到市價打七折、屋齡 20 年的電梯六樓華廈，地點還是在新北市中和區，房屋的權狀 24 坪左右。他用 600 萬元就買到了，等於一坪只要 28 萬元，以當時的行情單價，該區域每坪都落在約四字頭以上，所以隨便賣至少都能賺 200 萬元。

但會這麼便宜不是沒有原因，聽阿元說：「我當時也是像平

常一樣，在路上發銷售廣告傳單，結果剛好遇到有位阿姨跟我說要賣房子，實拿 500 萬就好，可是屋況不太好，有點漏水、壁癌，而且房子裡面還有租客。」阿元聽到這個價格非常便宜，就想要一探究竟，於是馬上跟屋主約看房。

沒想到住在裡面的這個租客非常難約，而且租約還是簽不定期租約，阿元約了好幾次，才勉強成功看到物件內部。簽回給公司銷售時，同事聽說屋況不好，加上租客超難約又沒有簽定期租約，便紛紛打退堂鼓，於是阿元決定自己處理這租客的問題。

因為先前見過一次面，加上花了些時間關心租客及溝通，租客才願意重新簽租約。阿元先加 100 萬元，用 600 萬元跟屋主買下，再和租客簽兩年租賃契約，才解決租方的問題。而他的努力也沒有白費，因為他積極的解決這個物件的問題，讓他後來在轉手時，這間房子的價值又翻了將近一倍。

其實，**不管景氣好壞，都有人急著變現**，或是由於家庭因素想趕快出脫手中的資產，想要賣得快，就要比市場行情低的許多，才有可能快速出售。而那些本身因為建商品牌強，以及物業管理社區品質優良所釋出的好屋，無論房市好壞都是搶手物件，一旦猶豫，下一秒就被人買走了。甚至有少數地區型的優質社區，在民國 104 年下半年市場景氣不好時，還是逆勢上漲，創下新高價。

購屋知識補給站

● 不定期租約：

根據我國《民法》422 條規定，房屋租期超過一年者，應以書面訂定，如果不以書面訂定，就是不定期租約。不定期租約就法律上而言，對房客比較有利，因為依《土地法》100 條之規定，如果房東要收回房屋，須符合下列條件：

1. 房東欲將房屋收回自住或重新建築。
2. 房客違反《民法》規定，將房屋轉租他人。
3. 房客不繳房租，其積欠之總額扣掉押金後，還欠兩個月以上的房租。
4. 房客以房屋做違法之使用。
5. 房客違反租賃契約。
6. 房客損壞房屋或屋主提供之相關設施，而不加以賠償。

還有一種情形也會造成不定期租約：根據《民法》451 條的規定，當租約期滿時，若房客仍繼續居住，而房東也照收房客的租金時，此種情況就會變成不定期租約。

第三節

買房資金如何來？
聰明貸款，別貪高成數

買房除了要做功課，了解市場行情外，最重要的是先釐清自己的需求。想買什麼樣的產品？是大樓還是透天或公寓？要買哪個區段？到車站或是捷運路程需要幾分鐘？需要多大坪數？決定具體性的需求後，才能估算出需要準備多少自備款。

以我的母校元智大學附近為例，在學校周邊 500 公尺的房子，若總價預算是 1,500 萬，屋齡 10 年內，附帶一個車位，離內壢火車站車程 10 分鐘內，而且附近有公園，生活機能便利，如此透天與電梯大樓能買到的坪數就大不同。

選擇品項時，除了考慮自己的需求之外，還有一點要注意，就是貸款的成數。舉例來說，一般大樓型的物件貸款金額，通常為房屋總價的七到八成，公寓、透天型產品的貸款成數，則約為房屋總價的六到七成。當然，每項產品所能貸款的成數，還會隨著不同銀行與借款人的信用狀況而略有不同。

不過，買房子要準備的錢還包含隱藏性的支出，也就是仲介費、代書費、契稅、印花稅、裝潢費、購買家具和家電等費用。所以，估算買一間房子真正需要準備的自備款，公式為：

自備款＝頭期款＋相關稅費＋裝潢及家具、家電購置費

▶圖表0-3　先列出明確需求，才能精算需要準備多少錢

項目	案例一	案例二
類型	電梯大樓	透天別墅
屋齡	7 年（10 年內）	5 年（10 年內）
坪數	70 坪含車位（10 坪）	68 坪
車位行情	150 萬元	
總價	1,530 萬元（含車位）	1,360 萬元
公設比	30%	20%
平均單價	23 萬元／坪	20 萬元／坪
獨特性	走路 6 分鐘到火車站。因高樓層，四周都是四層的透天厝，故有永久棟距。對面又有公園和學校，不會再蓋房子，又四面臨路，因此通風、採光佳。	社區型優質品牌建商管理，走路 2 分鐘可到公園。

假設一間屋齡 20 年，總價 500 萬元的中古華廈，借款人本身信用條件不錯，就可以貸到八成，那麼他要準備的自備款即為：

> 頭期款 100 萬＋相關稅費 15 萬（含仲介費 10 萬）＋裝潢及家具、家電約 40 萬（保守抓 8%）＝155 萬元

也就是說，他的自備款必須準備將近 160 萬元，萬一後來只貸出七成，勢必得準備更多現金了。假設以貸款 400 萬計算，那麼每個月大概就要繳 2 萬 2,000 元。

房貸支出不能超過家庭總收入三分之一

了解自備款大概需要準備多少錢後，接下來就是如何去找錢了，其實找錢的管道非常多，可以向親友借、向銀行貸款等。以我自己為例，我當初買房時還在讀大學，一毛錢也沒有，是用募資方式買房賺得第一桶金，之後才有了自備款。

就像我前面提到的，在低利率時代，向銀行貸款買房，其實比存死薪水的報酬率還高，這也是一般人最常用的借錢管道。

當然一般人最擔心的，莫過於繳不出貸款，使得房子被查封，而且房貸一貸就是十年起跳，如何兼顧生活品質又能買得起房？就成了多數人關心的問題。我會建議，房貸支出不要超過家庭總收入的三分之一，比方說，夫妻兩人的薪水每月加起來是 7 萬元，每個月要付的本金加上利息，最好別超過 2 萬 3,000 元。

此外，市面上的房貸類型非常多，在申辦之前，建議先考量自己的收入型態、還款方式，以及長短期的理財規劃。

　　由於市場上銀行的房貸方案多又雜，假使購屋之前沒做足功課，就貿然搜羅各家銀行房貸利率做比較，是種本末倒置的錯誤觀念。建議買房之前一定要先衡量自身的償債能力後，再找兩到三家銀行協商討論，並且遵守三大原則：即準備三成自備款，房貸負擔不應超過家庭總收入 1／3，以及**房屋總價不得超過家庭年收入的五倍**，找出適合自己的貸款方式，並擬定詳細的還款計畫，一樣能保有生活品質，又能擁有自己的房子。

　　除了比較每家銀行的利率之外，也要比較手續費及其他各項費用支出，例如：開辦費、徵信查詢費、代償費、每年帳戶管理費等，這些對你實際拿到的貸款金額都有直接影響。

　　以貸款 300 萬元，利率 2% 為例，銀行若加收 3,000 元的開辦費、500 元的徵信查詢費等附加費用，等於第一年的利率就多了 0.01%，總費用的年百分率就變成 2.01%。由此可知，在申辦之前務必確認是否有其他需要負擔的支出，否則會大大影響你實際拿到的金額。

　　另外需要注意銀行的綁約條款，通常銀行為保障自身權益，房貸方案多半會要求綁約三到五年不等，也就是說在這段期間內，貸款人不能將款項全額清償，或是可以全額清償但不得塗銷，不能塗銷即代表房屋無法買賣，有些銀行還要求提前清償貸款須付違約金。建議貸款前必須問清楚以上細節，才不會吃虧。

購屋知識補給站

● **透過房仲申請團購房貸，利率更低：**

　　一般民眾如果不是資金實力特別雄厚，或屬於超高薪的白領高階主管，想以個人條件談到優惠利率恐怕很困難。這時候，如果是購買預售屋或新成屋，建商會提供與少數特定銀行合作的整批房貸專案讓購屋客選擇，這類房貸利率可能比個人找銀行談還要划算。

　　要提醒一點，即使是建商和銀行談妥的整批房貸，銀行仍會比先前更重視購屋客本身的信用條件，不一定會讓全部購屋客，都適用與建商談妥的利率方案，所以民眾還是要保持良好的信用紀錄。

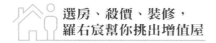
▶圖表0-4　房貸申請流程及備妥之文件

一、準備文件

● 本人

□買賣合約書影本、□土地及建物登記簿謄本、
□薪資所得證明影本、□地籍圖及平面圖、
□貸款申請書、□戶口名簿影本或戶籍謄本、
□身分證正反面影本、□印鑑證明

● 保證人（共同借款人、一般保證人、連帶保證人）

□戶口名簿影本或戶籍謄本、□身分證正反面影本、
□薪資扣繳憑單、□存款證明或其他財力證明文件、
□所得證明影本

二、提出申請

□填妥貸款申請單（可上網下載，或親至銀行填寫）

三、估價

四、銀行審核

五、對保簽約

□身分證、□印鑑、
□在撥款同意書中註明但書：憑房屋驗收單撥款。

六、辦理投保

七、抵押權設定

□申請人身分證明文件、□抵押權設定申請書、
□抵押權設定契約書、□土地登記申請書、
□土地及建物所有權狀

八、撥款

第四節

物件資訊哪裡來？和仲介交談，「消息」比網路多又快

　　由於網路資訊非常發達，有超過七成的人，習慣先上網看房找資訊，加上房屋仲介店跟便利商店一樣普及，資訊流量非常快。建議去找房仲之前，可以先在網路篩選較適合自己的房子，再將資料拿給仲介，委託其幫忙找類似的物件。

　　我自己的習慣是，先上「591 房屋交易網」查看有沒有合適的物件（見第 48 頁圖表 0-6），有時也會上各大房仲的官網，如：信義、永慶，依據自己需求的房型再篩選。

秒殺好宅，來不及放上網就已經賣掉了

　　一般人能看到的購屋資訊，通常要等到屋主或建商釋出訊息，仲介或代銷去洽談回來賣，才會在各大購屋平台或房仲網站看到資訊，並出現在房仲店的牆面上。

一、屋主或建商釋出訊息
　　通常是屋主在自己住家的外面放著「屋主自售」的看板或訊息，現在有些屋主更會放在 591 平台網路上（屋主自售），或是把消息放給管理員，請對方代為介紹。大部分屋主自售的房子議

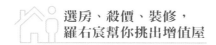
價空間比較有限，若是又屬於地點不錯或優質社區的物件，可能房仲還來不及去請求委託就已經售出了。

二、仲介去洽談，接回來公司賣

一般來說，仲介也是透過上述屋主的連絡資訊，與屋主持續溝通，最後接案回公司，再透過大量的廣告露出案件資訊。**好案子在市場景氣好時，完全不用打廣告**，也不會出現在網路上，通常房仲會先通知優質的客戶，所以**與房仲有一定的交情，是想找到好宅的必要條件之一**。

以我自己來說，**我的物件來源最大宗就是從這個管道來的**。舉個例子，我認識一個仲介，他一開始主動帶看兩、三次，為了謝謝他帶我看房子，事後還買飲料請他喝，順便聊一些房地產的事。過了幾個月後，他突然告訴我一個各方面條件都很好的案子。所以，與房仲保持良好的關係，並結交幾個從事房地產仲介的朋友，也是找到好標的的方法之一。

三、一般民眾找尋方便的管道

如果在前兩階段都沒有人要，物件才會被放到相關平面廣告、雜誌，以及網路銷售平台上。但這也不是說這上面的物件都不好，而是就算是條件很好的物件，也可能很快就被搶走了。所以建議先從網路做功課，釐清自己的需求後，再交由仲介代為找尋適合的物件。另外，多留意路邊電線桿上的售屋資訊，或路旁的小蜜蜂（擺在路邊的房屋廣告）及現場有仲介人員的駐點廣告，也都能增加找到好屋的機會。

▶圖表0-5　購屋資訊的刊登流程

一、屋主或建商釋出訊息

→ 若是地點好，或屬於優質社區的物件，很快就會被買走。想找這類的物件，可以多留意路邊屋主自售的訊息，或向街坊鄰居、各大社區的管理員打聽。

二、仲介或代銷去洽談回來賣

→ 開發案源的業務將案子談回來之後，得到訊息的仲介會先通知自己手上的優質客戶，有些不錯的案子在此時就會先被攔截。

三、在各大購屋平台或房仲網站公布資訊

→ 經過前兩階段若沒有人買，案子就會在各大房屋交易平台或房仲店曝光。

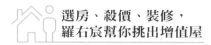

▶**圖表0-6** 在網路上蒐集房屋情報（以591房屋交易網為例）

Step 1 登入591房屋交易網（http://sale.591.com.tw/）

Step 2 點選出售

Step 3 輸入需求(以桃園市＋桃園區,售價800萬至1,200萬元的住宅為例),按下搜尋

Step 4 再依照個人需求,調整搜尋結果的排列方式

至於要如何做功課，我認為與其在網路上搜尋大家已知的資料，不如直接找人問，會聽到更即時的資訊，建議可以尋找以下四種相關的專業人士：

一、房仲：如果和房仲的交情夠好，經常能打聽到網路上搜尋不到的資訊，例如：他這個月成交哪些案子、坪數、屋齡、地點在哪？更細一點的，連他們店裡的同事成交的案子，或同業間成交哪個大案子都能打聽到。這麼一來，你就大概能探聽到附近的行情，還有優質的社區在哪，可省下親自問各社區管理員，以及拜訪街坊鄰居的時間。

二、代書、地政士：有一些稅務問題或法規資訊，問代書最快能得到解答。而且他們經手過許多房地產買賣合約，處理案件糾紛的經驗也比較多，對於行情資訊、合約上需要注意的細節，都會特別清楚。通常代書也會利用買賣雙方資訊不對稱的時間差去做投資，對於市場的敏感度甚至比仲介還要高。

三、房貸銀行專員：找業績較好的房產業務專員，核貸的案件數量較多，也知道這區域性的買方，較常買的是哪種類型產品、能貸多少成數？因專員都要去現場拍照，與計算核貸金額與資料，對於這些資訊非常敏銳。

四、房產投資同好：互相交流最近哪種類型的房子較受歡迎，或是如何合法避稅。這個聚會的最大優點是跨區域性的，討論及分析範圍遍及全台的物件，可以快速了解全台房地產趨勢。

　　除此之外，也可以先去參觀三到四間區域性的接待中心，了解一下平均的行情區間。因為**預售屋是房地產的領先指標**，通常在景氣好的時候，由於一開始準備的簽約款較中古屋少，一般人較容易購入，故漲得最快，景氣差的時候則容易先跌。

　　比方說，景氣好時預售屋普遍都可以成交到每坪 20 萬，可是屋齡 20 年的中古華廈，卻只有每坪 10 萬到 12 萬出頭，價差近一半，這時就可以考慮買中古屋。反之，景氣不好時預售屋的成交價普遍會開始下修，當中古屋與預售屋的價差不大時，就可以考慮買進預售屋。

　　例如，在民國 102 年下半年到民國 103 年上半年，桃園藝文中心附近的全新豪宅，平均單坪價格為 35 萬到 45 萬之間，附近的屋齡 10 年出頭的房子，行情也在 25 萬到 30 萬，屋齡 20 年的中古華廈，屬於附近較少的產品（這區域的平均屋齡較新），現在普遍都已站上每坪 20 萬大關。民國 104 年房市開始衰退，若這時候要進場買房自住，建議購買的物件，每坪售價要控制在 15 萬到 18 萬之間，風險較低。

善用實價登錄，但別被綁架了

　　在實價登錄實施之前，沒有一個房地產價格透明化的公開平台，因此以前的物件資訊與報價，大都仰賴仲介或鄰居街坊提供，但現在實價登錄的資訊真的是最完善的嗎？也不見得。

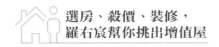
實價登錄系統的致命缺點就是時間差，剛開始實施、公布資料時，都要等三個月（因簽約後貸款過戶流程約要一個半月），現在比較快的，約一個月內（現金成交）的資訊都可以看到。但因為無識別化（無法根據產品條件分類比較），有些詳細資訊還是要自己去做功課，才能比對資訊或了解區間行情。還有一個問題就是，**這個系統看不出屋況、單層樓高、建材、坐向、景觀、管理狀況**等，故難以確認價格是否合理。

話說回來，實價登錄還是有一些方便之處，例如，我的朋友小巴有一天興沖沖跑來跟我說：「右宸，我最近看到一間在中壢區主幹道中華路的華廈公寓，房仲跟我說成交行情每坪 17 萬元左右，現在這間只要 13 萬元，不買太可惜了。」

但我一聽就覺得有鬼，便問他：「但中華路這條主要幹道很長，橫跨中壢、八德、桃園市區三個區塊，差一個門牌價差就可以差一倍，你確定是中壢區的門牌嗎？」後來，我建議他上實價登錄網查詢門牌區間號碼，結果正如我所料，那間房子位於交通不便的郊區，還有殺價的空間。

由此可知，實價登錄還是有一定的便利性，尤其在了解區域行情時，可以省去一些麻煩，只不過若有看中特定某個物件，還是要實際去看、觀察周邊的環境，並詢問附近鄰居，絕對能找到比網路上更即時的資料。

同一條街，為什麼價差這麼大？

通常我們的房地產平均價格，是指同一條街、同一個社區、同一類型的物件，且坪數相近的狀況下，才能用平均價格區段去比較分析。但其實常常看到新聞報導提到，全台北市的中古屋，平均價格是每坪 67 萬，或是信義區的平均單價是 80 萬，其實這些數字頂多只能當參考，對實質要買房的人來說幫助不大，因為範圍太廣、太大。

因此若要打聽欲購入房屋的行情價，建議把範圍縮小到一個社區，以中壢海華特區的豪宅（官方認定總價 4,000 萬以上）地標建案海華大地為例，總共約 300 戶（含 30 戶店面），扣除店面特定商品外，2 樓至 24 樓就因為景觀樓層與坪數（66 至 170 坪），價差就可以差到 10 萬以上，價格區間在 35 至 45 萬都有，通常以同一個社區來說，坪數越大（總價越高）的，單價會比較低，相反的，坪數越小（總價較低），單價會比較高。

不熟的地區，別買

其實，每一筆房子的價格因為有獨特性，所以就算是同一社區，也會因為景觀、格局、位置等因素產生價差，何況是把範圍拉大到一條街、一個縣市。

所以，我建議買房最好挑自己熟悉的環境，例如曾在那裡工作、求學至少半年以上，對該區域環境以及當地的生活機能，了解程度達八成以上，較能降低入住之後水土不服的風險。

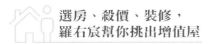
▶圖表0-7　實價登錄的使用方式（以桃園市中壢區為例）

 Step 1 登入內政部不動產交易實價查詢服務網
（http://lvr.land.moi.gov.tw/）

Step 2 點選不動產買賣

Step 3　輸入驗證碼（驗證碼如圖示左方）

Step 4　輸入欲查詢之資料，就會出現完整的資訊

　　我也是在元智大學附近租了兩年房子後，才買下我的第一間房「元智一號」。若想完全掌握附近的環境，像是原來哪條街住的人較複雜，常常有警察與社工來關照；哪裡的社區鄰居普遍都住著老榮民，平日白天會唱著卡拉 OK，這都是要在地深耕一段時間才知道。

　　我也曾經在自己喜歡的社區（大約 400 戶），兩年內就看了20 間房子，只要有不同棟別、不同樓層的案子釋出，就會有股衝動想去看看。所以抱持著沒事多看房的心態，去看自己喜歡的區域或是社區，也是了解附近環境的好方法。

第一章

看懂房屋的
眉眉角角，
如何找到理想宅

第一節

好地段未必適合成家，
符合生活機能最重要

很多朋友常常問我，到底怎麼判斷一個房子的價值？挑到一間超值的好宅？因為買一間房子要考量的因素太多了，依個人需求會有不同程度的變化，例如：交通方便、不要西晒、要在明星學區、格局要方正等……，而我將這些細節歸類成三個重點：一、地點；二、環境；三、格局。

與其挑黃金地段，
不如找通勤時間 30 分鐘內的地點

地點就是影響房價的最大因素，許多專家也不斷強調地點的重要性，例如美國因房地產開發而致富的名人川普（Donald John Trump）就一再強調「地點，地點，地點！」因為地點與房價的相關性高達 70％。

以台北市和高雄市為例，在 30 年前，台北和高雄兩地相同產品的價格差距並不會太大，但 30 年後的現在，差不多類型的房子，位居台北市中心的產品，在這 30 年上漲了近十倍之多。反觀高雄的房子，漲幅約為三到四倍。舉例來說，民國 70 年買地坪約 25 坪信義區的新透天需要 500 萬，而在民國 103 年台北

市房價最高點時，成交約為 4,000 萬；同樣的時間點買高雄市中心，地坪 30 坪的透天也要 350 萬，現在行情約漲到 1,500 萬左右。若把時間拉得更長，更能看出地段對房價的影響有多大。

不過，並不是黃金地段就適合成家，一般人認為的黃金地段，包括：商圈、學區、交通便利（離捷運站、公車站近等），從另一個角度來看，很可能代表的是：人口混雜、髒亂、噪音嚴重（學校鐘聲、半夜馬路上汽機車呼嘯而過的聲音等）。實際上，若是要買房自住，務必以你及家人的生活習慣著手，找一個好持家的地點。

當然，選擇的時候還是要考慮轉手率，我有一個評斷地點的簡易方法，就是 10、20、30 法則。也就是我看中的房子，如果車程 10 分鐘以內可以到達火車站或捷運站，或走路 20 分鐘可到達火車站或捷運站，距離上班通勤時間能在 30 分鐘內，就是好的地點。

黃金地段五大標準？符合三個就夠了！

以下，我按照五大最受大眾歡迎的地點，比較其中的優缺點。你也可以透過自己的需求，找到適合自己的居住地點。基本上，只要居住環境的四周與你的生活習慣吻合，並符合其中三個條件，就不用擔心轉手的問題。

一、商業經濟氣息強
銀行數量的多寡，代表這個城市的人口含金量高不高、閒錢

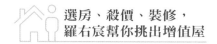
多不多，通常每個區域都有一條銀行街，以銀行周邊 500 公尺內挑的物件，通常都能很快出售。比如，台北市的南京東路就有很多家銀行，通常若有五家以上為佳者。

二、人口匯聚之地

尤其以量販店、百貨商場、電影院為指標，因為這三種營業據點，都是動輒投資上億的商業行為，如果當地人口沒有一定的消費力，是很難繼續經營下去的。其中量販店為民生必需品，後兩項為消費奢侈品，若該地區有百貨商場與電影院，就代表有一定數量的娛樂人口，房價會因為高消費族群聚集而有所支撐。

當然，也有例外，像是中壢區的大江購物中心旁的房價比較不容易漲。因大江購物中心位於中壢交流道附近，人潮以外來客為主。為了避免誤判，建議要觀察一下周遭附近，是否有一些知名連鎖品牌的店面，像是 85度C、50 嵐飲料店等，以本地住戶為主要客群經營的店家，若再伴隨著高消費奢侈品，自然會有基本人氣支撐。

三、明星學區

大多數的人都知道，位於明星學區的房子有很大的增值空間，尤其以都市內的學校最明顯。由於明星學區太過搶手，故政府在政策上即規定，至少要遷戶籍或是居住至少五年以上，才能進入明星學校就讀。

很多家長為了子女的教育著想，就算花大把鈔票，也要幫小孩買個小套房，只為了能遷戶口設籍，擠進明星學府。不過，若要在明星學區置產，買之前一定要先做功課，調查清楚學區的畫

分界線，有可能差一條街，就會換到另一個學區。順帶一提，最近幾年也流行，若住宅區內有具特色的公立圖書館，亦會為房價加分。

四、未來發展性

該區域未來有無重大交通建設興建（如捷運、快速道路），都是影響房價的因素。此外，特定的區域發展政策，也是該區域未來是否能增值的關鍵。包括興建大型公園、市立圖書館、新興科技園區、重劃區等，都對未來房價與轉手利潤有正面的幫助。例如，桃園區段的鐵路高架或是地下化計畫，對於目前桃園火車站周圍的房價就有明顯的影響。

五、文創商店、咖啡館

因為現在的人喜歡體驗式的消費，一些具特色的文創商店、簡餐咖啡館等，對房價都有正面的影響，因為這類商店跟傳統小吃比起來，油煙較少也較安靜。

當然，每個人都希望能住在生活機能便利、又能鬧中取靜的地方，通常走路 5 分鐘左右的路程，能有便利商店、超市、餐飲小吃店、汽機車維修行、診所等，就是不錯的居住地點。

不過要注意一點，如果住家位於夜市裡，因攤販的油煙加上龍蛇混雜、噪音又多，這類型的房子不管是自住或轉手，都會有困難。

▶圖表1-1　五大黃金地段，符合三個就夠了

條件 1

商業經濟氣息強

銀行周邊 500 公尺內的物件，通常都能很快出售。

條件 2

人口聚集地

尤其以量販店、百貨商場、電影院為指標，房價會因為聚集高消費族群而有所支撐。

條件 3

明星學區

位於明星學區的房子有很大的增值空間，但要注意學區畫分。最近幾年，若住宅區內有具特色的公立圖書館，亦會為房價加分。

條件 4

未來發展性

該區域未來有無重大交通建設，如興建大型公園、市立圖書館、新興科技園區、重劃區等，都對未來房價與轉手利潤有正面的幫助。

條件 5

文創商店、咖啡館

通常走路 5 分鐘左右的路程，能有便利商店、超市、餐飲小吃店、汽機車維修行、診所等，就是不錯的居住地點。

工業住宅好便宜，但還是別碰

有些人挑選地段時，會傾向找列於都市計畫內的土地，這是因為都市的發展與資源，通常會比非都市土地規劃的區域還要多，因此容易看漲。若想得到這方面的資訊，可以去各縣市的都市發展局，查詢附近的使用分區分布，或上網至內政部營建署「土地分區資料流通平台」查詢（見第 65 頁圖表 1-2），也可以請仲介提供。

一般來說，自住的房子建議別買工業區的工業住宅，雖然工業住宅比較便宜，但問題不少，例如：工業住宅在工業區內，因此住家隔壁可能就是工廠廠房，若工廠 24 小時不休息的運作，就代表一整天都得與噪音為伍，而且還不能向環保局檢舉要求改善。另外，工業區因為經常有卡車、貨車出入，空氣不好、進出也比較危險。最重要的是，當你要賣的時候，有些人會因為工業住宅這四個字而縮手，影響房子的轉手率。

若無法買在成熟住宅區，也別買「都更老房」

綜觀以上幾點，你可以發現挑選一間住得安心、買得有價值的房子，要考慮的條件不外乎就是適合自己的生活習慣，再來就是便利性。

對一般人來說，最好的選擇無非是成熟的住宅區，雖然這種類型的產品多半座落在人口密集的區域，但無論食衣住行育樂，各方面都相當方便，不管是單身或小家庭，都很適合居住。唯一

的問題，就是這類型的房價通常都不低，否則就是因社區戶數較多，居住人口較複雜，或本身屋況較差，才有可能出現低於行情的物件。

若因為預算有限，又希望能住在生活機能便利的地方，很多人會選擇從新市鎮、特區、重劃區入手，或是找在都更計畫中的老房子。這類的物件雖然相對便宜，但不確定性太高，比方說，仲介可能會跟你說，這間房子在都市更新計畫中，後續的行情看俏，但問題來了，通常都更的計畫都非常長，動輒數年以上，其中還要跟各戶協調，開無數的協商會議。就算真的確定要都更，從建商開始蓋到交屋，又是好幾年的時間，投入的心力其實與獲得的報酬不成正比。

至於新市鎮、特區、重劃區，因為本身是以某一都市為中心，向外擴散的住宅區，如果可以忍受較長的交通時間，也確認過該區域的生活機能沒問題，其實是不錯的選擇。

不過，買這類型的住宅還是有風險，因這種房子的抗跌性較差，當房市看跌時，這類物件的價格通常會率先往下掉；起漲時，這類型的房子漲得也比較慢。當然，若確定自住的時間長達十年以上，就算房價未漲也賺到房租，還是值得的。若鎖定新市鎮、特區、重劃區，建議可以先問問居住該區域的親友，或直接向該社區的住戶打聽，住起來有哪些不便，或會遇到哪些問題，相信這會讓你更容易挑到適合自己的標的。

▶圖表1-2　注意土地的使用分區，對住宅未來轉手及售價影響很大

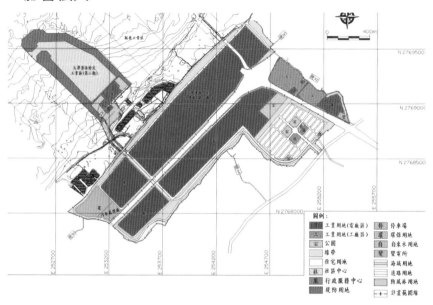

查詢網站

網站名稱	網址	QRcode
內政部營建署城鄉發展分署土地使用分區資料流通平台	http://luz.tcd.gov.tw/TCD/	

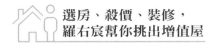
▶圖表1-3　成熟社區生活便利，新市鎮房價便宜

類型	成熟住宅區	都市更新老宅	新市鎮、特區、重劃區
生活機能	成熟	成熟	逐步發展中
位置	都市內	都市內	都市外圍
交通	便利	便利	離市中心較遠
房價	貴	未來看漲（但等待時間長）	相對便宜
住宅稠密度	稠密	稠密	較空曠且有規劃
增值潛力	視地段而定，若非地處偏遠，增值能力強。	極大，但無法預測要等多久。	不一定。

第二節

基地方正的標準是？
影響增值，更影響生活品質

　　一般來說，我們看房子是由外而內，先看房屋的環境、外觀，再看內部格局。首先，就外在環境來說，只要注意以下重點，不但能確保你的生活品質，更能為你的房子加分，未來要轉手時也比較容易。

一、基地方正，四面臨路佳

　　買屋不只房子「格局」要方正，社區基地本身也要方正。基地的部分，以四面臨路、且基地呈正方形的為最佳，周邊沒有任何釘子戶及奇形怪狀的面積。通常基地方正的建案，規劃的中庭或空中花園使用坪效越大，走道也較寬敞，對居住環境有加分作用。另外，四面臨路的房子通風和採光較佳，能提升居住品質。

二、路寬至少要 8 米（8 公尺）以上

　　主要進出道路至少要 8 米以上的距離為恰當，因為寬度如果太窄，路旁又有停汽機車的情形下，雙向會車都會非常困難。要特別注意的是，很多中古屋的巷弄特別狹窄，連 4 米（4 公尺）都不到，萬一發生火警或有人需要急救，都可能因為巷弄過窄而錯失搶救時間，建議盡量避免購買這種住宅。但也不要買特寬的 30 米（30 公尺）左右的主要幹道，因為車流量大會帶來吵雜與空氣汙染等問題，路寬適中最好。

▶圖表1-4　基地方正、四面臨路的物件通風和採光較佳

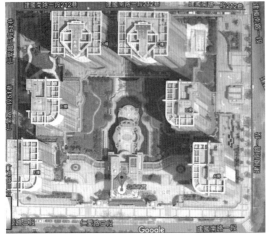

1	2
3	

[1] 基地方正，四面臨路。（＊翻拍自 Google 地圖）
[2] 基地方正的物件中庭或空中花園使用坪效大，走道也較寬敞。
[3] 別選畸零地或有釘子戶的物件。（＊翻拍自 Google 地圖）

▶圖表1-5　路寬要 8 米以上，30 米以下最好

[1] 路寬 8 米以上，進出方便。
[2] 路寬 30 米左右，車流量大，噪音、空汙問題多。
　　（＊翻拍自 Google 地圖）

1	2

▶圖表1-6　居住環境的安全性，從建築外觀可以看見

［1］外牆乾淨、無安裝鐵窗，且冷氣安裝於室內的優質社區。
［2］外牆髒亂、磁磚剝落，顯示其安全性欠佳。

▶圖表1-7　進住率太低，小心買到投資客過高的社區

［1］乾淨整齊的信箱，代表住屋率高。
［2］晚上觀察開燈率，若發現進住率過低，小心換屋出售時被投資客擾亂行
　　情。

三、建築物外觀整齊乾淨為佳

建築物外觀乾淨、整齊，而且沒加裝鐵窗，就連冷氣室外機也不暴露，大都安裝在室內，這類型的物件代表社區管理得宜，居住環境較安全。另外可以注意外牆是否有磁磚剝落、汙損，都可以了解該建物的材質好不好，這也關係到建築本身的安全性。

四、進住率與安全性息息相關

尤其想買新市鎮、特區、重劃區的房子，務必確認進住率，這與住宅安全息息相關。你可以觀察幾個小地方，例如：住戶的信箱有多少戶塞滿信件？**晚上 8 點後，留意一下該社區的開燈率，只要超過八成就過關。**否則很容易買到投資客占比過高的社區，一來是住屋率低，影響安全；二來是日後要轉手時，可能會被投資客打亂行情，影響成交價。

五、社區管理問題多，100 戶左右的社區剛剛好

一般來說，社區型大樓多為一層 2 戶至 3 戶配一部電梯，這樣進出的人口就不會太複雜。考慮到安全性，建議選擇的物件為雙拼或是 100 戶左右的社區，且坪數統一的物件為佳。除了人口較單純外，坪數、房數統一，在管理費方面的負擔也會較輕，而且鄰居單純在協商社區相關事務時，自然比較有利。

此外，可以繞到**社區垃圾集中處或其他公共設施**，如：游泳池、健身房等稍微觀察一下，是否有專人定期維護管理。如果社區有 KTV 設備，要注意別買太靠近 KTV 的戶別，我曾聽說一位朋友買的房子，剛好在社區附設的 KTV 樓上，結果只要有人使用，他家的地板就會一直震動，令他非常困擾。

另一方面，從訪客登記是否確實，和觀察來訪的人數，也可以看出每日的來訪流量是不是過多（太多就表示仲介常帶人看房，投資客多）。通常，管理得宜的社區保全必須站在大門口隨時警戒，不能讓閒雜人等進入。

優質的管委會也是幫助房子保值的關鍵，如被區域市公所評選為優質社區的管委會，社區的價格更是易漲難跌。但要從何判斷？你可以從一樓大廳或電梯布告欄上，張貼的社區每月財務報表看出端倪。比方說，是否經常舉辦活動、支出名目是否清楚、有多少人欠繳管理費？當管理委員會的執行效率越高，該社區的房價就越容易漲。

六、先向鄰居探聽，避免買到好房卻遇到惡鄰居

俗話說千金買房，萬金買鄰，如果旁邊住的是惡鄰居，動不動找你麻煩，光是處理糾紛所花的時間與精神壓力，就令人吃不消了。我就曾經遇過，有個阿姨習慣在公共區域擺放私人物品，被鄰居勸阻不但沒有反省，還兇對方，弄得整個社區不得安寧，但因為管委會沒硬性規定，也拿那位阿姨沒有辦法。所以，在買房前最好了解一下附近的鄰居，避免買到好房卻毀在惡鄰居手上。

七、附近有綠地、公園或樹海

現代人工作忙碌，且多待在水泥大樓林立的都市叢林中，因此有綠樹成蔭，或鄰近廣闊公園環境的住宅，相對較能吸引購屋人的目光，未來轉手性也不錯。

根據台灣房屋發布的調查，有 75.8% 民眾在購屋時，最在

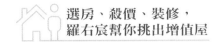

意住宅環境的綠化程度，更有高達 67.4% 受訪者會考慮以較高預算，購買有公園、樹海或綠覆率較高的住宅。此外，有 70% 左右的民眾認為，若住宅鄰近樹海、公園，或具備社區庭園綠化造景規劃的居住環境，更有吸引力。

但要注意一點，公園又有大小之分，此外，有些公園可能無人維護，那麼就可能影響居住安全或引來蚊蟲，反而會扣分。

還有，若屬於設有大型活動廣場的公園，有時可能會舉辦活動或運動，打球的人很多，怕吵的人建議可以選擇較高樓層，或單排的人行步道樹海。

八、無敵美景能為房屋加值，但小心天然災害帶來重大損失

山景、海景或是夕陽餘暉，這些自然景觀經常是為房屋加值的條件，尤其是坐擁這些景觀的房子，在城市中擁有無可取代的優勢，自然能抗跌、增值。

不過，大自然的威力也是相當可怕的，有些強調依山傍水的房子，緊鄰著河岸，很可能會遇到淹水問題，另外，有些地勢較低窪的區域，也是淹水的高危險區。想要確認是否會淹水，可以在下雨時去看屋，連同附近主要幹道一起確認，避免入住後發生下大雨時回不了家的窘境。

除了淹水問題，另一個要擔心的就是無水可用，如果為了避免淹水問題就往高處買，就得注意水壓問題和是否處於末梢管線的位置。還有，為了預防缺水問題，盡量別買在農地或工業區旁，因為每到枯水期或用水高峰期，就得和農地、工業區搶水，對生活品質有相當大的影響。

▶圖表1-8　從公共設施的維護，看出社區管理是否確實

［1］從健身房的妥善率看出社區管理是否確實。　　　　　 1　　2
［2］游泳池要注意是否有救生員、有人定期清潔。

▶圖表1-9　環境綠化住起來舒適，還能為房屋增值

［1］目前的社區很流行環境綠化。
［2］附近有寬敞的公園也能為房屋增值，但要注意是否有定期維護，及可能較
　　 容易受到噪音干擾。

此外，有很多人的退休規劃，就是買一間看得到海的房子安度晚年，但海邊的房子並沒有這麼夢幻，最大的問題就是海風帶有鹽分，建材容易腐蝕，若建商未用強化過的建材，就會影響房子的安全性。

還有些人因喜歡安靜的環境，會刻意買在山上，但山區的房子多半潮溼，如果買在北部山區，潮溼的問題就更嚴重。

另外就是坡向問題，因台灣的環境多雨且地震多，順向坡的房子很容易遇到土石流、走山等問題（見圖表 1-10），若要避免買到危險山坡地，可以要求建商提供中央地質調查所的檢測資料，或發函給礦務局確認地質。還有四個步驟可以自我檢測，只要符合其中一項，就絕對別碰：

1. 如果看到擋土牆下岩層裸露，有泥塊崩塌的痕跡，表示地基鬆動。
2. 如果擋土牆與建築物之間的距離太近，也會影響房屋安全，尤其是從房子伸手出去就能碰到擋土牆的物件，絕對不要買。
3. 若靠近山側的外牆有滲水、發霉的現象，磁磚或梁柱有裂縫或浮凸，排水溝也出現不明淤塞，這些都是危險訊號。
4. 若住宅靠近山壁，要小心野草、樹木多的地方，可能會有野生動物或昆蟲蛇類出沒。

▶圖表1-10　順向坡的房子，別買

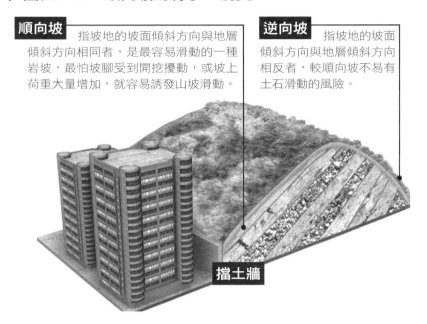

順向坡　指坡地的坡面傾斜方向與地層傾斜方向相同者，是最容易滑動的一種岩坡，最怕坡腳受到開挖擾動，或坡上荷重大量增加，就容易誘發山坡滑動。

逆向坡　指坡地的坡面傾斜方向與地層傾斜方向相反者，較順向坡不易有土石滑動的風險。

擋土牆

戶外風水有科學根據，不是迷信

　　除了以上八點之外，看外觀的時候，也要注意風水，有些人認為風水是迷信，所以看房時不太在意。其實，這是老祖宗的智慧，從科學的角度來看，的確有幾分道理。以下列出七大常見的戶外風水禁忌，買屋時最好也避開這些有問題的物件。

　　一、**無尾巷**：即死巷，以現代人觀點來看，位於巷尾較安靜，但風水上屬於較忌諱的地理條件。以科學的觀點來看，道路只有一邊可通，若遇到火災等意外，很有可能遭遇有路逃不得的困境。

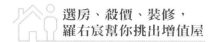

另外，在無尾巷中一旦有人停車或擺放大型物品，整條巷子的車輛或人員可能就完全出不去。至於廢氣、異味等，由於不容易流通，也容易在無尾巷中久久飄散不去。

二、路沖：住家大門正對大馬路，住戶容易發生交通意外，建議在面對大馬路的方位放上「石敢當」，化解路沖煞氣。

三、屋角煞：傳統的觀點認為，尖角狀的物體會形成一種氣勢，在風水中稱為「角煞」，若正好對著住宅，會令屋主招來各種麻煩。

四、刀煞：若廣告招牌正對到窗戶或大門，就如同一把刀懸在頭上，象徵著不知何時會遇到意外災禍。

五、割腳水：若住宅緊臨水邊（活水），就稱為割腳水（或割腳煞）。在風水學中，將江河湖海等自然水稱為「真水」，認為住宅不可和真水太過貼近，否則不但不能蒙福，反而會受其禍害。從醫學角度來看，住家離水太近較潮溼，容易影響健康。

六、孤峰獨立：風水講究環境與人之間的對應關係，孤高的大樓給予人一種孤立、高傲的感受，這樣的住宅環境對人的心理健康不利，容易影響主人待人處事，間接影響其人際關係及事業發展。

七、大門正對大門：都會區大樓的走廊空間多半狹窄，很容易發生住家大門正對鄰居家大門的窘境，在風水學來說，大門對大門宛如兩張口對口，尤其距離在 150 公分以內，最容易發生口舌紛爭。

▶圖表1-11　避開七大常見戶外風水，讓你住得安心，轉手快

1	2
3	4
5	6
7	

[1] 無尾巷

[2] 路沖

[3] 屋角煞

[4] 刀煞

[5] 割腳水

[6] 孤峰獨立

[7] 大門正對大門

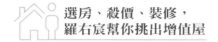
有嫌惡設施，開價就能再談

　　一般對嫌惡設施的定義，其實非常主觀。就像有些人喜歡住學校旁邊，覺得人氣旺盛對運氣有幫助，但有些人因工作關係，根本受不了一天到晚響不停的鐘聲。同樣的，有些人喜歡住在夜市附近，餓了只要出門就有東西吃，可是有些人卻因為環境衛生問題，對居住在夜市旁敬謝不敏。

　　根據內政部修訂的現行規範，在「不動產說明書應記載和不得記載事項」中，在建物一定範圍內有明確的嫌惡設施，須加註於不動產說明書中。但我的建議是，若真的對某些嫌惡設施完全無法接受，建議除了要主動詢問屋主外，最好騎機車在房子周遭繞幾圈，再上網查一下地圖和衛星圖，或向鄰里長、管理員打聽，都有助於了解環境。以下列舉內政部認定的嫌惡設施：

　　一、夜市、餐廳：主要是有油煙、垃圾、環境污染，與出入人口較複雜，還有可能孳生細菌、老鼠等……，影響衛生與人體健康。

　　二、學校：住宅若在學校附近，平日每天都會有固定的鐘聲叫醒你，加上下課時小朋友的嬉鬧奔跑聲，有些人覺得吵，但有些人覺得這樣表示人氣旺盛，對運氣有幫助，端看個人對噪音的忍受程度而定。

　　三、加油站、瓦斯行：加油站或儲氣、儲油槽、瓦斯行也是常見的嫌惡設施，因為若加油站或瓦斯行一旦爆炸，周邊的住家也會受到波及。靠近這類設施的房子，在出售時也會遇到比較多

的障礙。例如：台北市內湖區成功路二段附近，因為是大台北瓦斯所在地，周邊推案就常因此遇到瓶頸。此外，目前市面上流通的瓦斯鋼瓶數量龐大，卻有近 200 萬隻瓦斯鋼瓶使用超過 30 年，安全堪慮，也因此讓民眾看到瓦斯行就會怕。

　　四、便利商店：現在都是 24 小時營業，有人覺得是安全、明亮的守衛，但也代表凌晨還是有人會進出，或是在樓下聊天，較容易擾人清夢。

　　五、醫院、福地、殯儀館：一般福地宅約可比周邊行情便宜 5% 到 10%。如台北市榮星花園鄰近第一殯儀館，以及辛亥隧道口的第二殯儀館周邊的房價，始終屬於台北市相對低價。至於住宅周邊 500 公尺就是醫院，對年長者來說就醫方便雖是優點，但若住太近，打開窗就看得到醫院，在風水上不太吉利，加上半夜經常有救護車出入會發出警笛聲，容易影響睡眠品質。

　　六、神壇、宮廟：神壇、宮廟常因辦法會與燃燒金紙，造成吵雜與空氣汙染，且房屋鄰近神壇、宮廟，辦房貸時可能會被扣分，會影響貸款的成數或利率。

　　七、高壓電塔、基地台：高壓電塔、變電所也是令人聞之色變、有害健康的嫌惡設施。會危及生命安全的，還有捷運軌道供電系統、電塔、基地台等，都是重度嫌惡設施，建議不要買鄰近這些設施的住宅。

　　八、近高架橋、高架道路、捷運：鄰近高架橋、高架道路、鐵道或捷運軌道，不僅會破壞景觀，還會因為噪音、事故，危及

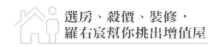

安全。例如，之前曾發生雲梯車撞毀民宅的事件，駕駛就是行經下坡路段時，疑似車速過快，轉彎失控，才衝進民宅造成事故。

九、垃圾場、焚化爐、工廠：焚化爐和資源回收場普遍被列為嫌惡設施，主要是氣味令人厭惡，同時容易使周遭環境髒亂。

十、特種行業：由於聲色場所的出入分子複雜，生活圈的型態也因此不同，不僅容易吵雜，安全性也備受考驗，因此房價往往較低。如台北市聲色場所較多的林森北路、萬華的華西街一帶，房價長年維持相對低檔。

我有位朋友小時候就住在舞廳附近，某次舞廳客人因持刀鬥毆，滿身是血逃到他家尋求躲避，經歷那次可怕經驗後，家人便決定搬家，但因為鄰近舞廳不好脫手，最後只好忍痛賠錢賣出。

不過，由於特種行情常常像變色龍一樣，有時候隱匿不易被發現，加上台灣住商混合情況常見，先前台北就有發生過「一樓一鳳」（性工作者混居於一般住宅中接客）的情況，若想防範，可多向管委會、當地鄰里長打聽，確保居家安全。

雖然這些設施的接受度因人而異，但對房價的影響高達兩成之多，在換屋時也會成為阻礙，如果想要挑容易增值、抗跌的房子，建議務必避開這類物件。當然，你也可以換個角度利用這些嫌惡設施，向屋主或請仲介議價，定能得到不錯的收穫。

▶圖表1-12　嫌惡設施因人而異，但盡量避開大眾忌諱者

[1] 鄰近殯儀館的房子，價格會比行情便宜 5% 到 10%。

[2] 附近雖有公園，但旁邊還有加油站和變電所，多少會影響房屋的價值。

[3] 生活機能方便，有夜市、捷運站及火車站，還臨近學校，但也會遇到出入分子複雜、噪音等問題。

（＊翻拍自 Google 地圖）

1	2
3	

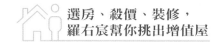
第三節

藏在設計圖裡的格局揭密

看完外觀，接下來就要看內部格局。以我自己看過這麼多房子的經驗，我踏入屋內第一個會先感覺一下，比方說：會不會有陰冷的感覺、空氣會不會令人有窒息感，接著才看採光和格局，然後，動手敲敲牆壁，觀察建材與施工等細節。最後，我一定會爬上頂樓，確認頂樓的防水做得好不好、有沒有頂樓加蓋，並確認消防通道。

接下來，我會分步驟提示其中的看屋眉角，讓你能在第一時間掌握房屋的狀況，安心入手。

找三好格局，裝修費省一半

看格局時，我一定會配合室內動線移動，也就是說，要假設自己生活在這個屋子裡，平常會做什麼事，活動空間會如何規劃，再搭配屋子本身的格局，這樣才能找出適合自己的房子。以下列出看格局的三大重點：

一、格局方正，室內動線流暢最好

最漂亮的格局為正長方形，走道動線開中間，三面採光。你可以試試從客廳走到房間、廚房、浴廁的動線是否流暢？如果動線不錯，住起來會方便舒適許多。不要小看空間規劃動線的魔

力，好的空間格局，可以讓你有更多的空間可使用：不好的格局就算只擺基本家具，家裡看起來依然雜亂，這時就需要多花裝潢費來修飾了。

另外，可以觀察客廳有沒有安定牆，因為通常客廳沙發擺放的位置要靠在一面大牆上，就像是背有靠山的感覺一樣，讓人有安全感。餐廳的桌子也適用。看屋時可以模擬一下，當你坐在沙發上視線能否看到大門進出的動線與方向，以避免有陌生人闖入家中還不自知。

二、通風與採光，天然的最好

最好是客廳和房間在白天完全不用開燈，就有自然採光，如果連廁所都有對外窗更好，表示室內容易乾燥，不易有灰塵（搭配坐向朝東效果最好）。很多人為了追求自然的採光、通風，會選擇邊角間的房子，因為邊間的房子幾乎是三面採光，光線和通風最好，價錢上也會比同一層的住宅貴上 5% 左右。但這種房子也有缺點，就是迎風面的窗戶會比一般房子更容易滲水，牆面也容易長壁癌。

三、樓高最好在 3 米以上，小心建商口中的「二次施工」夾層屋

一般的樓層高度大約為 3 米（3 公尺）左右，扣掉樓地板厚度約 20 公分，淨高就大約 2.8 米，假如天花板的造型做太低，很多人又喜歡做木質地板、把地板墊高，這樣就會產生壓迫感，要特別注意。

有不少人買房時，特別喜歡找夾層屋，認為多出一層可以增

▶圖表1-13　好的室內動線，才有舒適的生活空間

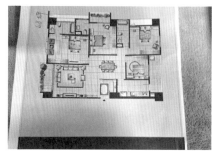

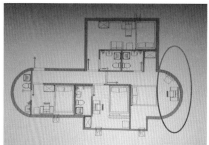

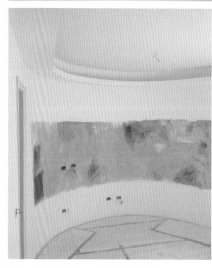

[1] 動線流暢，使用空間就大。
[2] 方正的格局在擺放家具時，比較不會有雜亂感。
[3] [4] [5] 格局不夠方正的房子，就需要透過裝潢修飾。

▶圖表1-14　廁所有對外窗，地板乾得快

[1]［2］ 自然的採光與通風，是最宜人的居住條件之一。
[3]［4］ 邊間的房子雖採光好，但窗邊容易長壁癌、滲水。

加不少使用空間，可以用來收納、或作為客房，增加空間的使用
效率。依現行法規規定，夾層屋的每層樓高必須在 3.6 米以上，
而且不得超過當層樓地板面積的三分之一，或低於 100 平方公尺
的夾層。**若購買已完工的夾層屋，務必確認所有權狀上，是否有
登記夾層屋的面積。**

　　其實，市面上許多夾層屋都是非法的，因為建商若在申請建
照時一併申請，就得把夾層屋的樓地板面積也算在裡面，進而影
響容積率，建商能銷售的戶數就得跟著縮減，所以多數建商才會

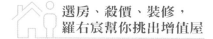
暗示你可以用「二次施工」的方式改建夾層屋，但這種都是違法的，經舉報就必須拆除。

▶圖表1-15　夾層屋雖能多出收納空間，但會讓人有壓迫感

購屋知識補給站

- **建蔽率**：指建築面積占基地面積的比率。
- **容積率**：指建築物地面以上各層樓地板面積之總和，與基地面積之比率。

　　舉例來說，某一台北市第三種住宅區（為維護中等之實質居住環境水準，供設置各式住宅及一般零售業等使用，維持稍高之人口密度與建築密度，並防止工業與較具規模之商業等使用而劃定之住宅區），基地面積 1,000 坪，建蔽率 45%，容積率 225%， 該基地之最大建築面積為 450 坪（1,000 坪 x 45%），最大建築容積樓地板面積總和為 2,250 坪（1,000 坪 x 225%），可以蓋五層樓（2,250 坪÷450 坪），如以建蔽率 25% 建築，則可蓋九層樓（2,250 坪÷250 坪）。

看房子一定要上頂樓，為什麼？

確認完格局後，我一定會再上頂樓看看，一方面是再次確認周遭環境，另一方面也可以觀察頂樓是否有違建、防水做得好不好、還有確認棟距夠不夠寬，這些都會影響居住安全和建物本身結構的穩定性。以下列出五大重點：

影音看屋，掃描
QR code 看更多

一、頂樓加蓋問題多，九成都有漏水問題

不管是買電梯大樓、公寓，還是透天厝，一定要去頂樓逛一圈，最好是找頂樓沒有加蓋的，空間比較好使用規劃。順帶一提，根據台北市建管處規定，民國 84 年以前蓋的為舊違建，可列管緩拆，但如果是民國 84 年之後蓋的違建，則即報即拆。若想確認違建的增建年份，可用空照圖與現在的圖做對比，或是詢問附近鄰居做確認。若為舊違建，出售時可以合法面積的三分之一來計算價值。

上頂樓觀察的第二個重點，就是防水問題。基本上，因為台灣屬於海島型潮溼氣候，若決定買頂樓的房子，就要做好心理準備解決漏水問題，就算是新成屋還沒出現狀況，漏水也只是時間早晚的問題。

當然，定期維護與修繕，可以降低頂樓漏水的機率。有些大樓管委會會幫忙出錢請師傅修繕，外牆的部分。則可搭鷹架用防水油漆（越多層越好）或是磁磚處理，但施工起來都不太便宜，買頂樓前務必考量到這一點。

▶圖表1-16　盡可能選公共空間淨空的房子

1	2
3	
4	5

[1] 頂樓加蓋問題多。

[2] 頂樓有漏水、外牆斑駁的狀況，交屋後都需要做補強及修繕，但也可成為議價的條件。

[3] 頂樓防水漆塗越多層，防水效果越好，但修繕費用也不便宜。

[4] 樓梯間最好有對外窗，以保持空氣流通。

[5] 樓梯間堆滿雜物，發生緊急狀況時會影響逃生。

另外，上樓時可以順便確認樓梯間的公共區間有沒有擺放雜物，看一下防災動線是否順暢，因為公共區域乾淨與否，也可以看出鄰居的素質。

二、棟距至少要 5 米以上

就算房屋本身具有四面採光的良好條件，棟距太近還是會影響通風及採光，建議選擇棟距至少 5 米以上的房子，不然也容易破壞鄰里關係。之前就曾有新聞報導過，兩戶人家由於棟距太近，經常因開窗問題發生爭執，嚴重影響生活品質。

▶圖表1-17　棟距太近影響採光、通風，還易破壞鄰里關係

三、怕西晒、避北風，注意兩種坐向

判斷坐向的方式，有一個基本的原則，人站在屋內看向大門方向，正面面對的方向若是南方，則為「坐北朝南」；面對的方向為西方，則房子的坐向為「坐東朝西」。

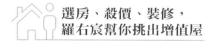

▶圖表1-18　坐向的判斷方式

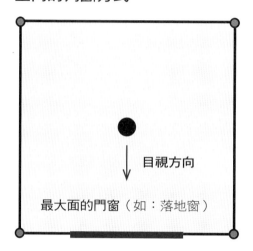

目視方向

最大面的門窗（如：落地窗）

　　很多人或許會把坐向歸類為風水，因此不太在意，實際上，從前的人喜歡的坐向都與室內溫度有關，例如，坐南朝北的屋子在冬天面北風，尤其當冷氣團來襲時，就算在屋裡還是會覺得冷到受不了；而坐東朝西的房子則是西晒嚴重，夏天氣溫飆高時，室內溫度就更容易上升。

　　此外，房子的坐向跟棟距與周遭是不是有大樓高房遮蔽，也有很大的關係。比方說，在冬天一樣正對東北季風，在空曠區域的住宅，和在一個四周都是大樓環繞的房子相比，後者的影響也會比前者小很多。而最好的坐向是客廳、房間窗戶坐北朝南向，後陽台、浴廁開窗則是朝東西向，這種房子具冬暖夏涼的優點；至於後陽台與浴室開窗要朝東西向，是因反潮時較不會受影響。

▶圖表1-19 各種坐向房子的優缺點

坐向	特徵
面東南的房子	無論夏天、冬天的風，都與房子的通風面平行，不會直接灌入，但還是有風；在中午之前，一年四季屋內皆有陽光。
面西南的房子	夏天有風進來，冬天不受東北季風影響，下午有西晒的狀況。
面西北的房子	無論夏天、冬天的風，都與房子的通風面平行，不會直接灌入，也不至於完全無對流風；夏天在日落時，才可能有些許陽光灑進屋內。
面東北的房子	冬天受到東北季風影響，會有冷風灌入。一年四季幾乎不會有太陽照入屋內。

注意六個細節，把需要修繕的問題變議價籌碼

大方向看完後，如果覺得很滿意，千萬別表現在臉上，因為還有一些看屋的小細節要注意。這些細節雖然都是可以解決的問題，但勢必得多支出一筆修繕費用，因此，建議盡可能找出這些缺點，如果都是可以處理的問題，就能轉換成議價的條件，爭取到更好的價錢。

一、浴廁、廚房

在檢查浴廁、廚房時，要開一下水龍頭，檢查水壓有沒有正常、是否乾淨、有沒有發出惡臭，如果出現以上問題，就表

影音看屋，掃描
QR code 看更多

示管路間阻塞或是有其他問題。另外，可以用手檢查一下牆面有
沒有滲水或是漏水，通常浴廁上面，都要預留維修孔，以方便修
繕。

▶**圖表1-20　浴廁上方要留維修孔，以便修繕**

二、地板

　　一般在看中古屋時，有經驗的看屋者會用工具或彈珠滾動，
來量測地面有沒有平整。另外，屋齡較老的房子地磚容易發生熱
漲冷縮，就會凸起來，造成地面不平整。若地板要打掉重做，
一般常用的地板有拋光石英磚（每坪 3,000 元）、實木地板，以
及海島型超耐磨地板（防水，每坪 3,000 元），或大理石霧面地
磚。因此整間打掉重做，也是一筆可觀的費用。

▶圖表1-21　地磚會熱漲冷縮，造成地面不平整

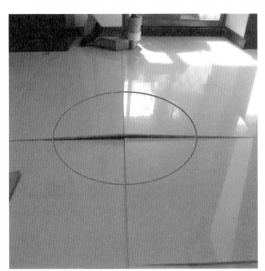

三、牆面

房內的每一面牆，都可以用手指敲敲看，從聲音可以聽出每面牆的材質，是空心的（木板、輕隔間），還是用磚牆隔間？一般牆面又有分承載牆，和切割空間的分割牆。承載牆的材質多為 RC 鋼筋混凝土或是磚牆，厚度要 20 公分左右。室內分割牆厚度多為 8 公分到 12 公分，常用為磚牆、輕隔間（C型鋼板輕質灌漿牆）、木作隔間、白磚（發泡磚）。

影音看屋，掃描
QR code 看更多

另外，若牆面上出現裂痕，且呈現交叉狀，就代表曾受地震影響，已經危害到建築本體的安全性。因為一般牆面久了有裂痕，都是由上往下的走痕，且呈不規則狀（見下頁圖表 1-22）。

▶圖表1-22　牆面紋路分兩種，若出現交叉裂痕最好放棄

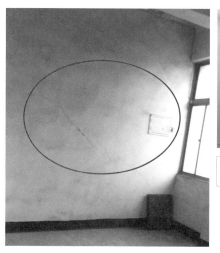

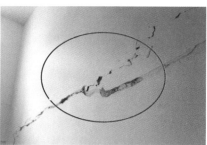

1 2

[1] 由上而下的平行裂痕，是舊屋常見的狀況，可經修繕復原。
[2] 若出現交叉裂痕，代表建築物本體已不安全，遇到這種問題建議放棄。

四、水電管路

可檢查每間房間的總插座數量與位置是否合適，不然請水電師傅重新配置線路，會多一筆費用。最後，在離開前一定要看一下大門旁的總開關線路有沒有整齊、有無生鏽，需不需要重換。

影音看屋，掃描
QR code 看更多

此外，廁所管路重做時，盡量以使用或接近原本的共通管路為原則，而且要留一定的坡度，維持管線順暢。另外，建議可以到頂樓，確認水表的水壓是否正常，若水壓太弱，可以考慮增設加壓馬達（見第96頁圖表 1-23）。

五、前、後陽台

前陽台的寬度至少為 1 米（1 公尺）
以上較佳，在風水學中，前陽台為男人財
富的象徵，建議可以種植物，一方面太陽
不會直射到室內、可隔絕外面的髒空氣，
又可擋煞。注意別亂堆雜物，會破壞原本
前陽台的功能。

影音看屋，掃描
QR code 看更多

一般人會在後陽台擺放洗衣機和晒衣服，所以後陽台的空間
要比前陽台大，最好寬度為 1.5 米到 2 米。另外要注意一點，若
看的是中古屋，前後陽台加上氣密窗就屬於違建，建議還是保持
開放式設計，也比較不會影響屋內的採光和通風（見第 97 頁圖
表 1-24）。

六、窗戶

窗戶邊緣是最容易滲水或長壁癌的地方，有時出差或出遊達
一、兩個月，若出發前忘了將門窗關好，就可能會因雨水滲入室
內，而產生各種問題。此外，如果選購的物件是中古屋或新成
屋，也要檢查一下窗戶關起來是否密合、有沒有縫隙？如果窗戶
外就是大馬路，覺得很吵，可以考慮加裝氣密窗或是隔音窗，來
解決噪音問題（見第 97 頁圖表 1-24）。

▶圖表1-23　水電管線除了檢查屋內，還要上頂樓確認

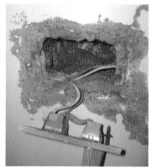

| 1 | 2 |
| 3 | 4 |

［1］看屋時記得確認每間房的插座總數。

［2］若有裸露的插座，也可以確認電線是否需要更新。

［3］水管線路建議使用原管路，或接近原設計的路線。

［4］到頂樓記得檢查水表，若水壓不夠，可增設加壓馬達。

▶**圖表1-24　陽台建議保持開放狀態，若加上氣密窗就屬違建**

[1] 前陽台能阻擋髒空氣。
[2] 後陽台建議寬度為 1.5 米到 2 米。
[3] 陽台加上氣密窗就屬於違建。

1	2
	3

▶**圖表1-25　窗戶多的房子要注意滲水、壁癌問題**

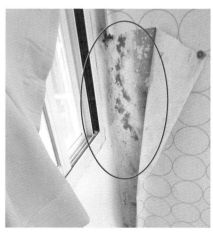

1	2

[1] [2] 窗邊最容易發生滲水和壁癌的問題。

懂一點室內風水，住得更安心

　　一般人在找房子時，喜歡挑明廳暗房，也就是客廳要很明亮，最好是有大片採光，房間的睡床位置盡量暗一點，但屋內還是要有自然光。雖說現在人沒有以前的人這麼在意風水，不過建議還是避開多數人忌諱的風水格局，或可用裝潢修飾，這樣自己住起來安心，轉手時也可以開出比較漂亮的價格。以下是十大風水禁忌：

　　一、臥室門忌兩兩相對：臥室門不宜兩兩相對，此謂「相罵門」，易導致家中口角。

　　二、進門忌見廚浴：現代的建築設計，有時為了考慮空間的配置，一進門往往先見到廚房、餐廳或浴廁。這是陽宅的大忌，也不合常理，居住其中，家運必衰。

　　三、樓梯忌正對大門：樓梯不僅是連接樓上與樓下的重要通道，從風水學來講也是接氣與送氣之所在。樓梯的理想位置是靠牆而立，切忌在居室中央，這樣等於把家中一分為二，會帶來家中各種口角，甚至導致夫妻不和。此外，樓梯正對大門會導致健康問題，通常會使得家裡有人生病。且入門先見廚廁，為退運之宅，要小心。

　　四、大門忌正對廁門：大門不能正對廁門，因廁所有汙穢之氣，而大門為屋子的門面，表示一進門就晦氣。另外，臥房門與廁所門不能正對，臥室與臥室門也不能正對，這些都犯了門沖。

　　五、浴廁設在走廊盡頭：屋內如有走廊，浴廁只宜設在走廊邊上，不可設在盡頭，否則為大凶。衛浴的門與廚房的門應注意不可正對，因一水一火，兩門相對。是水火不容的敗局。如果家中供有神位，則衛浴不可設在神位牆的後面，以免褻瀆神明。

　　六、忌廚浴門相連：廁所的門若與廚房的門連在一起，則廁所的門應牢記時常關閉，免得受汙濁之氣。

　　七、忌穿心劍格局：大門口直對長走廊，這也是沖煞，走廊越長，對家居越不利，這叫穿心劍格局。若門內無屏風阻隔，則不宜居住。

　　八、大門直通到底，麻煩不斷：居家忌像賓館或飯店一樣，一條長廊連著一排數個房間，否則易發生外遇及私奔問題。

　　九、不規則的房間：不規則的房間當主臥房，容易導致久婚不孕的後果。如用來做廚房，會影響家人健康，一般不規則的房間只可用來做儲藏室使用。

　　十、房門對大門，耽於淫慾：臥室門不可正對大門，否則易誘使居住者耽於淫亂色慾之中。

　　其實，**看屋只有一個重點，就是親自到現場，敲一敲、摸一摸、走一走，以自己與家人的生活習慣為考量**，全面的檢視一遍，這樣就能避免買到不合的房子。最後附上看屋時的檢核清單，你可以逐一勾選檢查，以避免買到問題宅。

▶圖表1-26　屋況檢查表

主項目	待確認細項
建材	□RS（鋼筋混凝土）、□SRC（鋼骨鋼筋混凝土）、□有制震或隔震、□傳統磚牆、□輕隔間（木板隔間）
戶數	□全區共＿＿＿戶、□該棟一層一戶、□該棟一層兩戶、□該棟一層三戶以上
電梯	□三部以上、□兩部、□一部、□有貨梯
消防安全	□有滅火器等消防設施、□有警及照明、□有排煙與偵測設備、□無
格局	□方正格局、□狹長格局、□不規則型
採光	□三面採光、□兩面採光、□沒有採光
坐向	□坐北朝南、□坐南朝北、□坐西朝東、□坐東朝西、□其他坐向
梁柱	□主梁柱外推、□梁柱有高有低
樓高	□3.2 米以上、□3 米、□2.8 米、□挑高
房數	□4 房以上、□3 房 2 廳、□2 房、□套房
浴廁	□總共＿＿＿套、□乾溼分離、□有浴缸、□有冷暖抽風機、□有對外窗
客廳	□有安定牆，可放得下沙發、□牆壁與電視的距離達螢幕對角線的五倍以上、□擺放家具後，動線是否流暢
廚房	□開放式廚房、□有對外窗、□有置物框間、□放得下冰箱
主臥房	□放得下雙人床、□能放雙人用衣櫃的空間、□有擺梳妝台的空間、□有浴廁
次臥房	□放得下單人床、□可以放得下單人衣櫃、□有書桌或放置梳妝台的空間、□有浴廁
陽台	□前陽台、□後陽台、□空間足夠晒衣服、□與鄰居後窗距離 5 米以上、□陽台是否安全
雨遮	□窗戶皆有雨遮、□部分有、□無
露台	□有露台、□無露台

一定要懂的兩張圖：原建照平面圖與彩線圖

　　無論你買的是中古屋、新成屋或預售屋，都會拿到一張平面圖，說明空間配置與格局。中古屋由於年代較久遠，所以房仲業者提供的多半是陽春平面圖，也就是簡單說明內部的格局及房間數。反觀預售屋與新成屋的平面圖就會比較完備，會提供兩種參考圖：原建照平面圖、家具配置圖或彩線圖。但這些圖到底要怎麼看？哪裡才是重點呢？

一、原建照平面圖

　　即建商申請建照時提出的平面圖，會畫出房間的相對位置、隔間、柱子、浴廁、雨遮、陽台、電梯、樓梯、窗戶、機房等基本格局配置。大部分的建商會提供一整層樓的平面圖，若為社區型的建商，還會提供全區的位置圖，包括開放空間、公設、停車場等。

　　看平面圖時，最容易遇到的問題就是比例尺換算，若換算錯誤，在後續修繕、布置上就會出大問題。常見的比例尺分為兩種，一種為 1:50（公分），另一種是 1:100（公分），也就是說紙上 1 公分，代表實際距離 50 公分或 100 公分，而通常 50 坪內的產品，會用 1:50 的比例尺。

　　至於平面圖上有許多標示粗實線或粗黑線的地方，那些就是牆壁，方正實格子則代表柱體。如果想知道牆壁厚薄，則可由材質來辨別，像磚造房就以磚頭單位表示，24 公分的長稱作 1B、寬 12 公分則稱 1／2B、高 6 公分為 1／4B，通常以外牆為 1B、

內部隔間為 1／2B，另 RC 混凝牆結構體為 15 到 20 公分，室內的矽酸鈣板隔間則多為 10 公分。

在看整層的平面圖時，首先要注意基地位置是否方正，還有其坐向，接著要注意樓層戶數，是獨棟、雙拼、還是三拼大樓？然後確認坪數，你看的是 60 坪的房子，還是 30 坪房型的平面圖？最後確認電梯與樓梯的位置，這與逃生路線息息相關。

另外，檢視全區位置圖時，建議先注意棟距，確認是否會被擋到陽光，或接收鄰居家的油煙。然後確認出入口與車道，一般人會挑離出入口近、但避開主要車道的房屋，最後再確認一下公設位置，垃圾場設置在哪裡？是集中管理還是各棟自行處理？游泳池是室內或室外等。

二、家具配置圖或彩線圖

依建照平面圖的格局，設計師會模擬居家實境，製作一張家具配置圖，這是為了讓購屋者更容易想像入住之後，要如何布置自己的家。很多人拿到這張圖後，會被夢幻的擺設迷惑，以至於忽略了許多細節。因此，我特別列出需要注意的九個重點：

● **門窗**：門通常有推拉門之分，一般常看到的四分之一圓即為推門，拉門則跟窗戶圖示相似，都是在隔間牆的一定格子範圍內，加兩條至數條線條表示窗或門板，仔細看更會發現，對拉窗的右邊一定是靠近室內，拉門中間線條也會靠近室內，這樣開關門時才不會有問題。

● **樓梯**：會清楚標出階梯、扶手的專屬線條，並畫出上樓與下樓的動線，也會在起端跟終點標示上與下，告知行進方向。

● **地板**：會依材質繪製，地磚就以尺寸大小的方格描繪，如果是木地板會有明顯的條紋，地毯則直接以地毯圖形明示。

● **家具寢具**：這類圖示通常很容易辨識，電視櫃就有一電視圖示在櫃上，雙人床會畫出兩個枕頭，也有些會簡單以大 V 字代表。部分設計師也會將材質、顏色畫上去。

● **櫃子**：櫃子又分為高櫃或矮櫃，如果是較高的落地櫥櫃，在格子線條內會打上×，如果是矮櫃，則只在格子內打上一條斜線表示；另外要注意的是，如果在外牆看到有格子斜線的圖示，這是冷氣空調的圖示而非櫃子，在隔間牆包圍內的雙斜線方體則為管道間，也不是櫃子。

● **廚房設備**：廚房裡的設備有水槽、瓦斯爐、水龍頭、冰箱、上頭櫃等圖示，其中水龍頭分為檯面式與壁掛式。如果是從洗手台畫出來的就是檯面式，由牆壁連接出來的即為壁掛式，其上方若有櫃子，由於通常已超過 150 公分的視線高度，則會以虛線來描繪。

● **衛浴設備**：其中要注意馬桶有單體與雙體式的分別，即以馬桶座跟水槽是否一體或分開來辨別。水龍頭跟廚房一樣有分檯面式或壁掛式，浴缸則以浴缸實際造型繪製，如果是淋浴間則牆壁上會有蓮蓬頭圖案。

● **電器**：直接以款式描繪，如果為液晶電視是薄形，CRT 電視就體型較大，此外燈品通常以圓形表示。

● **水電線路**：水電圖多以記號分辨常見的水電圖示請見第 107 頁圖表 1-29。

此外，你可能也發現了，在坪數較小的房型的彩線圖上會有一些畫虛線的區塊，其實，在建商申請執照時，會將這些區塊登記為機房或陽台，但很多代銷小姐或房仲會暗示你，這些虛線未來可以變更為室內空間或做陽台外推，不過這是違法的。

▶圖表1-27　三種平面圖，看的重點不同

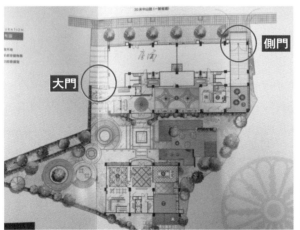

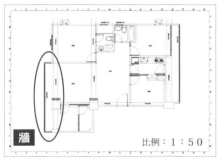

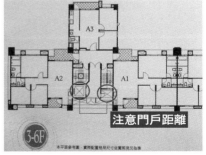

[1] 檢視全區位置圖時，建議注意棟距、出入口與車道及公設位置。

[2] 標示粗實線或粗黑線就是牆，注意比例尺。

[3] 看單層平面圖時，注意逃生動線以及門戶之間的距離。

▶圖表1-28　家具配置圖與水電圖

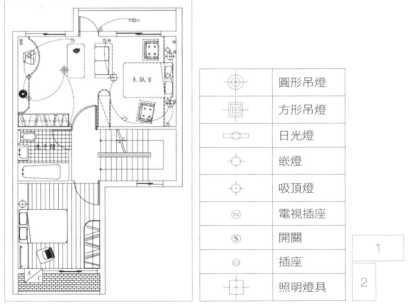

⊕	圓形吊燈
▣	方形吊燈
⊖	日光燈
⊕	嵌燈
⊕	吸頂燈
Ⓣ	電視插座
Ⓢ	開關
⊖	插座
⊕	照明燈具

1

2

[1]　家具配置圖要確認門的開關方向、窗的位置，以及室內動線是否流暢。

[2]　水電圖要注意實際的使用動線，避免出現十年都用不到的插座。

▶圖表1-29　設計圖上常見的符號索引表

名稱	符號	名稱	符號
單極開關	S	雙極開關	S_2
三路開關	S_3	四路開關	S_4
鑰匙操作開關	S_K	開關及標示燈	S_K
屋外型開關 防水型	S_{WP}	時控開關	S_T
埋設牆內的 管線（1）	8.0　2.2^{mm}	明管配線	2.0　16^{mm}
接戶點		接地	
電纜頭		電燈總配電盤	
單聯插座	G	串聯插座	G
電燈分電盤		電燈動力混合 配電盤	
電力總配電盤		電力分電盤	
人孔	M	手孔	H
發電機	G	電動機	
電熱器	H	電風扇	
白熾燈出線口	吸頂　嵌頂　牆 ○ R ─○	接線盒	天花板　牆 J ─J
日光燈		日光燈	

106

名稱	符號	名稱	符號
消防水管	—F—	自動警報逆止閥	
消防栓箱	FHC	警報發信器	
消防送水口		感應灑水頭	⬡ 直立型 ⬡ 下垂型
屋頂消防栓		水霧自動灑水頭	
火警受信總機		泡沫自動灑水頭	
手動報警機	(P)	查驗管	
火警警鈴	(B)	自動灑水送水口	
警報標示燈	(L)	自動灑水受信總機	
綜合盤	(P)(B)(L) P B L	出口標示燈	
定溫型火警探測器		避難方向指標	
差動型火警探測器		排煙設備排煙口	
偵煙型火警探測器	(S)	排煙設備進煙口	
自動灑水水管	—AS—	緊急照明燈	(E)
緊急電源插座		揚聲器	(S)
火警系統管線	—FA—	廣播系統管線	—Sp—

107

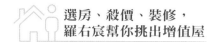

第四節

預售屋、中古屋、新成屋，
看屋重點不一樣

很多人把買房當作人生中的一個重要里程碑，一般人較常接觸的房地產產品是：預售屋、新成屋、中古屋……。廣泛來說，每種產品都各有優缺點。

▶圖表1-30　房屋產品比較表

產品	預售屋	新成屋
特色	財務槓桿較高，可用小資金換大錢。不過若放太久變成新成屋，因每個月貸款的利息加上管理費等，就有可能被斷頭或賠錢收場。	購屋人可以看到既有的結構、設備、格局，但缺乏增值空間，不適合當作投資標的。
自備款	1 最少	2
周轉率	1 最高	3
風險性	4	1 最低
增值性	1 最大	4

投資客最排斥的產品，反而最保值

第一種是預售屋，它的優點是需要準備的自備款（現金）較少，後面工程款的期限較長，通常一間房子蓋好需要兩至三年，可以有較多時間準備資金，若環境出現有利的變化，如：蓋捷運、出現商圈等增值效應也較高。

不只如此，預售屋的財務槓桿較高，即能用小資金換大錢，也可能只需要自備 30 萬元，不到半年時間就能賺到 30 萬元以上的報酬，獲利是用「倍」來計算的，增值幅度也是所有產品中最大的。比方說，代銷公司或建商每賣 10 戶後，每坪的市值就會漲 5,000 元到 1 萬元不等，此時就可以售出。

產品	中古屋	套房
特色	價格與預售屋及新成屋比，相對較低，可以直接收租，但因為屋齡老舊，有許多瑣碎的問題要處理，必須多準備一筆裝修費用。	受小家庭或單身族喜愛，但獨立套房貸款較困難，通常 10 坪以下的產品很難貸款，甚至許多銀行不核准。普遍來說，套房貸只能貸到 5 成到 6 成。
自備款	3	4
周轉率	2	4
風險性	3	2
增值性	2	3

（＊各條件由優至劣以數字示之，1 為最優，4 為最劣）

　　預售屋還有一個特色，就是自住者可以挑你想要的樓層與景觀，全新沒有人使用過的屋況，會讓人不自覺的對未來充滿期待，缺點是一旦預售屋變新成屋後，開始還貸款繳利息時，就是重擔的開始。尤其對投資客來說，在市場不明朗、景氣不好的情況下，每月交的貸款如果無法用租金平衡，很有可能被斷頭，以賠錢收場，因此，大多數投資客會在交屋前，提前獲利了結。

　　第二種是新成屋，這是最少人選為投資標的。因為房子要賺的價差已經被之前預售時賺完了，每坪的單價也被墊高，剛買時還得立刻付出一筆頭期款，再加上每月要繳的利息，若要出租又要先買一些家具家電，所以這項產品賠錢的機率比其他產品高，但很適合自住。因為可以看到既有的成屋結構、設備、格局，會比較安心。

　　第三種是中古屋，是這幾項產品裡投資風險最低的。因為總價沒有預售和新成屋高，再加上可以接手現成的家具家電（通常，賣方會因換房留下居多家具家電），直接可以收租的機率高，如果你能買的比市價低一到兩成，就是還不錯的投資產品。缺點就是需要的現金較多，因為屋齡老舊，有許多瑣碎的問題要處理，像是得花一筆預算重拉水電管線、油漆，或是換新的家具家電等。

　　除了以上三種較常見的類型，還有一種是現在很受單身男女、小家庭喜愛的獨立套房。一般銀行認可的獨立套房（有獨立門牌），能貸的成數較低，而 10 坪以下的產品更難貸款，很多銀行甚至直接拒絕，即使銀行願意承辦，獨立套房多半只能貸五到六成，因此，投資人需要準備的現金，將近買價的一半。

其實，**各種產品各有優缺點，建議可以根據自己的需求及經濟能力，選擇合適的產品。**

預售屋美得像場夢，留意這些細節，才能美夢成真

一般人選擇預售屋，多半是因為它的資金準備期長，再來多半是被美輪美奐的樣品屋吸引，但買預售屋最大的風險，就在於它是先買後蓋，因此如何避免買到一場夢，就是看屋的重點。

一般來說，預售屋的資訊都是來自路邊的廣告看板、路牌，或路上拿到的文宣，每個廣告詞都寫得令人心動，但要怎麼分辨真假？

台灣預售屋廣告經常暗藏玄機，比方說：樣品屋、招待所常常刻意設在繁華的大馬路邊，工地卻在偏僻巷弄末端，經常讓消費者受到誤導而搞得滿肚子火。所以，我們在選購預售屋時，樣品屋、招待所都不是重點，關鍵是：你真正的房子究竟要蓋在哪裡？

在法律上，建商所用的廣告叫做「要約之引誘」，為了引誘你去購買，當然會極盡所能放大建案的優點，吸引消費者駐足瀏覽，接著心動而進行消費。但我們要注意的是，吸引目光的廣告畢竟只是廣告，內容與實質是否一致。

我曾有位朋友看完樣品屋，以為自己要買的一樓店面預售屋，就在台中市熱鬧的文心路上，結果房子竟然是蓋在巷底，沒

有人潮根本做不了生意，只能當作住家。雖然銷售人員先前曾口頭告訴他是店面，但沒有實質證據，就很難討回公道。

另外，我也有好幾個在台北的朋友，看到建案叫「大直××××」豪宅，招待所設在美麗華百貨公司一帶，事後卻發現建地在文湖國小後方的山上，根本看不到大直；甚至有幾個豪宅建案，其實是蓋在「夜總會」的對面或旁邊。

同樣常見的是，在工業區內蓋廠房，卻以住宅的名號來銷售（俗稱工業住宅），價格當然比較便宜，但跟消費者的期待差了十萬八千里，有時甚至還違法，產生的糾紛自然相當多。

當然，廣告不能盡信，但拿到的廣告文宣極有可能成為訴訟證據，一定要妥善保存。《消費者保護法》第 22 條說，企業經營者「對消費者所負之義務不得低於廣告之內容」。既然建商或代銷公司發送的傳單、小冊子、說明書、報紙廣告可能形成契約內容，我們當然不能丟掉。以報紙為例，最好不要剪貼，而要全頁保存，才能清楚辨識刊登的媒體及日期。

由於累積了許多看屋經驗，我歸納出**看預售屋的九大要訣**：

一、確定接待中心與建築基地位置是否相同。

二、觀察基地大門出口前的路寬、車道、開車是否順暢。

三、確認基地的面積是否方正。

四、觀察平面格局圖的梁柱位置。

五、了解建商品牌的商譽。

六、確認使用執照和建築執照的日期。

七、是否有違建或二次施工。

八、基地周遭是否有嫌惡設施。

九、預售案潛銷的開賣日期。

補充說明一點，若想入手預售屋，但錯過第一時間，還可以在餘屋市場找機會。在市場不景氣時，會有大量賣壓出現，多數投資客會將手上的物件委託仲介販售，趕在大量交屋前獲利了結。因此，**在距離交屋前兩個月，可以到案場附近的仲介店詢問出售的意願，或是直接去代銷中心談價錢。**

處處留底、時時監工，預防交屋糾紛

當然，買預售屋最擔心的問題，就是如何確保建築品質跟當初說的一樣好。為了保障購屋權益，**買預售屋絕對不能偷懶，並遵守「處處留底、時時監工」的原則。**亦即拿一個資料袋，從拿到第一份廣告、建商提供的外觀 3D 示意圖，到平面設計圖、樣品屋照片、建材設備資料、停車位規格等，都要連同合約書一起保存，因為這些都可視為是契約的一部分，一旦建商虛灌坪數、偷工減料，這些資料都是未來可以幫你討公道的證據。

除了蒐集以上證據外，在建商開工後，建議要定期到工地監工，比方說，現場用的建材品牌與當初說的是否一致、有沒有確實做防水測試、水泥模板是否等乾了才拆除等，確認施工品質。尤其，如果你在簽約時有特殊的客變要求，更要在合約書上註明，並勤跑施工現場，預防交屋時才發現，買到的房子和當初說的不一樣。

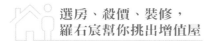

▶圖表1-31 預售屋廣告不告訴你的真相

佳樂福居

大台中第一座200堂菁英部落成長課程完全社區，不只買到好房子也買到完整社區優質文化！

是否有具體的執行方案，交屋時要寫在合約上。

首付 59萬 起 買正北屯3房

激推！本月加碼贈 10大家電好禮

別對贈品期待太高，通常都是檯燈等小家電。

雙公園綠意捷徑

7,500 坪新都生態公園，6,000 坪寶之林公園散步就到，漫漫綠意更綿延至佳福帝璽，社區外以成排綠樹打造鮮綠步道，人車分道使街道更為安全、更富詩意。

散步要走多久才會到？

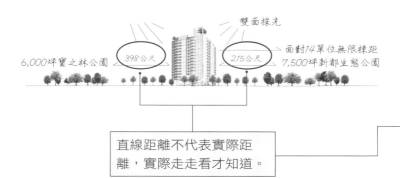

直線距離不代表實際距離，實際走走看才知道。

預約專線：04-2395XXXX

> 基地和接待中心距離很遠，廣告內容指示以基地還是接待中心為準？

速度，自在穿梭大台中

74 號快速道現在式，用少少時間換驚人價差，接軌市心繁華，速連國道 1、3 號；捷運綠線進行式，未來直達文心森林公園、七期市政、烏日高鐵，便捷全方位。

> 表示還沒蓋好，不知何時會通車。

繁華，自由採買、應有盡有

「東山路」商圈及「軍功路」商圈，囊括石二鍋、鯊魚咬土司、麥當勞、摩斯漢堡、星巴克、江屋日式料理、NU PASTA 等，尚有松青超市、全聯和傳統市場可供日常採買利用。

> 商圈離基地多遠，走路會到嗎？還是得開車？

綠境，日日悠閒、怡然自得

「新都生態」及「寶之林」兩座公園，共 13,500 坪的綠意環境；並鄰近大坑單車步道，及 3 座造型橋連結大坑 998 萬坪峰景。

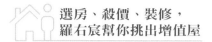
▶圖表1-32　看預售屋的九大要訣

項目	原因
確定接待中心與建築基地位置是否相同？	因為預售中心要選在人潮、車潮流量最多，人氣聚集的地方，很多接待中心和建築基地位置相差十萬八千里。因此，去之前可以先上網了解相關資訊。我曾經碰過，接待中心在 30 米的大馬路上，結果基地位置在路寬只有 6 米的小路邊，差距極大。
觀察基地大門出口前的路寬、車道、開車是否順暢？	通常建案門前的馬路越寬，銀行在價值認定上會越高，能貸到的金額也會更多。
確認基地的面積是否方正	基地面積是否四面臨路、建案是否採光、通風良好、並且確定沒有釘子戶等……。有些建案的條件都不錯，但就是中庭卡了兩戶透天厝，每天看都覺得礙眼，這也會影響未來的銷售。
觀察平面格局圖的樑柱位置	現在很多新蓋的建案中，有設計感的房子都把柱子包在屋外，在室內不會看到房屋的柱子。有些房子的格局很方正，但偏偏中間有一根特別大的柱子很礙眼，這就要靠裝潢的巧思來修飾了。
了解建商品牌的商譽	現在的一案建商非常多，為了避免遇到不負責任的建商，買屋前盡量選擇有架設官網的建商看屋，最好多上網查一下，他們之前蓋的建案評價如何，若有時間，當然多去現場問社區住戶及管理員，資訊會更準確。

項目	原因
確認使用執照和建築執照的日期	A. 建造執照：建築物之新建、增建、改建及修建，應請領建造執照。 B. 使用執照：建築物建造完成後，使用或變更使用，應請領使用執照。 通常知道預計領照日期後，大約可抓整個工程期有多久。
是否有違建和二次施工	現在還是有很多新房子，有二次施工的狀況，例如，很多建商會先在查驗前做個假陽台門，等到了審核通過後再把陽台門拆掉，外推增加室內面積等，類似的例子不勝枚舉。
基地周遭是否有嫌惡設施	如：加油站、廟宇、高架橋、福地、基地台等，這將影響日後居住的品質及房價。
預售案潛銷的開賣日期	通常可以在這塊基地剛圍起來時，去詢問當地的工地主任，例如，這樣問：「你好，我想要買這裡的房子，你知道誰有連絡方式，可以連絡到負責人嗎？」這時，不妨順便帶幾瓶飲料，慰勞一下大熱天辛苦工作的工作人員。拿到連絡方式後，就可以去談團購或是早鳥價錢。

▶圖表1-33　預防交屋糾紛，這些資料務必留底

☐ 預售屋廣告文宣、DM

☐ 外觀 3D 示意圖

☐ 社區規劃平面圖

☐ 室內平面圖及家具配置圖

☐ 水電配置圖

☐ 停車位規格

☐ 公設比例

☐ 建材規格表

☐室內格局與坪數

☐ 附贈家具或家電等贈品的說明資料

☐ 預售屋履約保證書

☐ 樣品屋拍照

☐ 模型拍照

☐ 現場陳列的廣告看板或宣傳標語

☐ 雙方簽名用印的合約

看新成屋要由外而內，別忘了算公設

新成屋是最少人選擇的投資標的，因為房子要賺的價差已經在預售時賺完了，每坪的單價也被墊高，剛買時還得立刻付出一筆頭期款，再加上每月要繳的利息，若要出租又要先買一些家具家電，所以這項產品賠錢的機率比其他產品高，**但很適合自住的人**。因為可以看到既有的成屋結構、設備、格局，會比較安心。

雖說新成屋已經是成品，是好是壞都能親眼查證，不過看屋時還是要留意兩大重點。

一、整體建築的外觀及安全性

通常建築外觀品質不良的房子，房屋內部的品質絕對不會好的哪裡去，所以要特別留意房屋外觀整體的品質。也就是注意觀察建築的結構是否穩固、外觀的磁磚是否脫落、龜裂、缺角。

接著要看結構，一般來說，整體為方形的結構是最安全的設計，若為ㄇ字型的結構耐震度通常較差。看結構時也要注意基地的形狀，前面已經提過基地方正的房子最好，若為 T 字型、U 字型或 L 字型遇到地震時，很容易因為**受力面積不均而產生扭轉，房屋容易倒塌**。還有要注意低樓層的柱子是否過多，結構穩固的房子通常低樓層的牆面會多於柱子。

另外要注意建築本體是否傾斜，這時候要站遠一點，以附近的建築物作為對照組，當然，也可能是附近的房屋傾斜，所以建議多找幾棟建築比對，避免買到建商因地基挖得太深，導致房屋傾斜（或鄰近房屋傾斜）的住宅。

　　若是買社區型的房子，還要留意總共有幾個出入口、是否都有警衛管制人員出入，建議也可以找一天以訪客的身分去拜訪，測試該社區的安全性。

▶圖表1-34　從建築外觀為房屋做體檢

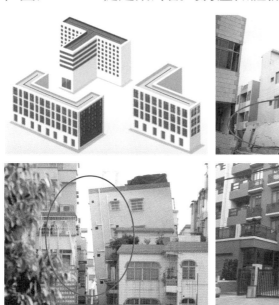

1	2
3	4

[1] 基地不方正，耐震度較差。
[2] 小心一樓設計為騎樓或半開放空間的房子，較容易頭重腳輕。
[3] 站遠處看，建築本體是否筆直，或附近是否有受施工影響而傾斜的房子。
[4] 買社區型的房子，要留意總共有幾個出入口、是否有警衛管制人員出入。

二、房屋內部

由於是剛蓋好也沒有人住過的新成屋，所以很難一眼看出是否會漏水、管線是否順暢，所以，我建議模擬自己的生活習慣，一一確認這間房子是否適合自己。

第一個要確認的就是屋內的格局，有沒有奇怪的梁柱，如果確定要裝潢，天花板會不會太低？若有風水上的禁忌，這時候也可以仔細確認。接著注意室內採光，有自然光最好，然後建議把窗戶打開，確認屋內的空氣是否會對流？避免買到格局設計不良的房子，因為這種房子即使有對外窗也沒有空氣對流，一到夏天屋內就會變得很悶熱，日後的電費恐怕很可觀。

此外，務必確認室內的隔音效果，因為現在許多房子都採用輕隔間設計，隔音效果有限，這時你可以請同行的親友，到隔壁房間或樓梯間講話，確認隔音。如果是靠近大馬路的房子，也要把窗戶關起來，確認聽不聽得到馬路上的噪音。

除了以上兩點外，公設也是看新成屋的重點。民國 94 年 7 月 1 日後，由於新的建築法規上路，為了消防安全，嚴格要求十樓以上的建物須強制設置「雙安全梯」，緊急升降梯的梯間也必須設置獨立出入口的排煙室，因此將有開放空間的連棟式集合住宅的公設比，提高至 30％。

也就是說，假設買一戶 35 坪的房子，你買的坪數裡大概有 10.5 坪是公設，實際使用坪數只剩下 24 坪。

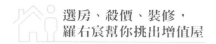

比較麻煩的是，目前的公設比沒有統一的計算公式，因此購屋時務必問清楚建商是用哪種公式計算的，分母不同，算出來的公設比可是大不相同。

以主建物 40 坪，附屬建物 12 坪；公設 18 坪為例。

● 公式一：

> 公設比＝公設（大公＋小公）÷（主建物＋附屬建物）
> ×100％
>
> 18÷（40＋12）×100％＝35％

● 公式二：

> 公設比＝公設（大公＋小公）÷（主建物＋附屬建物＋公設）×100％
>
> 18÷（40＋12＋18）×100％＝26％

判斷公設時，很多人可能走進社區，看到一大片中庭，就認定這個社區的公設比很高，其實這類未加蓋的空間，例如：戶外游泳池、遊戲設施等，被歸類為「法定空地」，不能算是公設。

一般來說，公設有分大公和小公，大公指的是由全體住戶共同分攤的設施，例如：大門的門廳、警衛室、地下室、機房、消防設備、走道等，小公則是與該樓層有關的設施，例如：該樓層

的樓梯間、電梯等。為了避免建商會把小公灌到主建物中，所以務必跟建商索取「建物測量成果圖」，按圖對照建物的格局就能一目了然。

▶圖表1-35　確實測量並比對「建物測量成果圖」

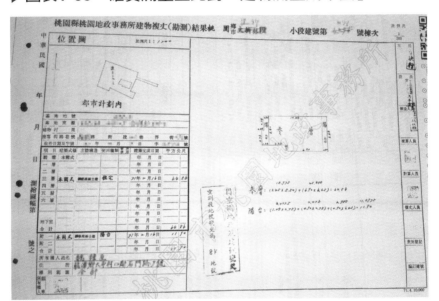

最後要注意一點，地下停車場的車位和車道的產權歸屬，很多人認為，地下停車場的車位是公設的一部分，這得看建商在設計時是如何計算的，有的建商會把車位列入停車位面積的項目，有的則直接納入主建物面積。

一般平面車位含車道約為 7 坪，機械式車位則為 3.5 坪到 5 坪左右，若車位面積低於這個數字，有可能是建商將部分車道面積分攤給住戶了。

七個重點，幫你挑一間容易增值的中古屋

民國 104 年台北市前五個月房地產的成交量下修，但中古屋的成交市場居然不降反升，其中公寓交易占比最高達 36％、年增 5％；而新北市則以屋齡五年到 20 年大樓最搶手，交易占比為 38％、年增 2％。

中古屋會如此受歡迎的原因，是因為中古屋總價沒有預售和新成屋高，再加上可以接手現成的家具家電（通常賣方換房會留下），直接可以收租的機率高，如果你能買的比市價低一到兩成，就是不錯的增值標的。

缺點就是需要的現金較多，因為屋齡老舊，有許多瑣碎的問題要處理，像是多花一筆預算重拉水電管線、油漆，或是換新的家具家電等。但這些問題，正是你可以創造增值（殺價）空間的關鍵，以下提出看中古屋的七大重點。

一、漏水、壁癌：仔細檢查容易漏水、滲水的角落，如窗邊、浴室旁的房間牆面等，並注意前後陽台的天花板、窗台或窗戶旁的女兒牆等，這些地方也很容易發生壁癌問題。

二、牆上是否有裂縫：如果牆面上出現龜狀（網狀）的裂紋，那可能是油漆的品質不佳產生的收縮紋路，只要裂縫小於 2 公分，都在可以修補的範圍內，不需要特別介意，但如果梁柱出現超過 3 公分以上的裂痕，或倒八字、交叉的裂縫，就可能是施工不良或地震造成的裂痕，這種房子建議不要入手比較好。

　　三、水電管線通不通：我們都知道，管線不通對生活的影響相當大，所以看中古屋時，所有與水相關的設備務必打開來檢查，而且要把水量轉到最大，流個幾分鐘確認流量和管線是否有問題。

　　四、地板不平：為了避免買到地板傾斜的問題，建議拿個小彈珠輕輕放在地面，注意它是否往特殊的方向滾動。不過，有些地方的地板千萬不能是平的，比方說浴廁或陽台，否則水就很難流進排水孔。

　　五、真假插座：有些中古屋會附裝潢，這種最需要特別留意，因為牆內有可能仍是老舊電線，插座根本沒有電，建議看中古屋的時候可以帶著一個小夜燈，每個插座都要試用看看，是否有通電。

　　六、地板和磁磚是實心還是空心：看中古屋時，務必動手敲敲摸摸，確認牆壁和地板不是空心的，有的把木板隔間粉刷成牆面，有的地板磁磚已經浮凸，敲一敲就會有空心的聲音，當然，這些小瑕疵都是可以補救的範圍，也會成為你議價的籌碼。

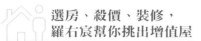
▶圖表1-36　看中古屋，別忘隨身帶著這些檢查工具

工具	檢查重點
彈珠或球	滾滾看地板是否平整。
小夜燈	確認每個插座是否有電。
雨傘	戳戳看地板和磁磚是空心或實心。
銅板	敲一敲牆壁有沒有空心的砰砰聲。
衛生紙	丟兩張衛生紙到馬桶裡沖水試試看，看水流量夠不夠。
捲尺	看房間格局正不正，梁柱有沒有高低差、門框有沒有歪斜。
裝水的寶特瓶	檢查每個排水口是否通暢。

第五節

這些細節，
讓你遠離地雷屋

　　如果經過一輪看屋並深思熟慮後，已經大概決定要入手的房子，這時候建議你，千萬別急著出價，確認過以下細節，才不會誤買地雷屋。

一、確認紙上謄本

　　每次只要買房下斡旋訂金之前，我一定會調閱最新的即時更新謄本，作為我的附身符。若要查看謄本，可直接向房屋仲介業者索取，也可以上網至「全國地政電子謄本系統」（http://ep.land.nat.gov.tw）查詢，現在便利商店也可以線上列印電子謄本，相當方便（費用為每張 20 元）。

　　一般來說，不動產文件有兩種，一種是靜態的所有權狀，就像是人民的身分證一樣，有分成土地和建物兩種權狀，但這兩種文件很容易被偽造。

　　至於謄本是屬於動態的房屋個別資訊，記載這間房子目前所有發生的情況或是詳細資料，只要有關任何抵押設定、查封法拍、限制處分、預告登記，都會即時更新，可完整呈現房子的產權，所以我買房之前，一定會查看紙上謄本。

▶圖表1-37　這樣查看謄本，遠離地雷屋

一、標示部

土地登記第二類謄本（地號全部）

市中工段　　　-0003地號

列印時間：民國098年07月13日16時40分　　　　　頁次：1

地政事務所　主　任　黃教新　　　　本案係依照分層負責規定授權承辦人員核發
謄字第　　號　　　　　　　　　　　　　　　列印人員
資料管轄機關：　　　　地政事務所　　　謄本核發機關：　　　地政事務所

＊＊＊＊＊＊＊＊＊＊＊＊　土地標示部　＊＊＊＊＊＊＊＊＊＊＊

登記日期：民國097年08月11日　　　　　　　登記原因：分割
地　　目：建　　　　　　等則：--　　　　面　　積：＊＊＊＊3,357.00平方公尺
使用分區：工業區　　　　　　　　　　　　使用地類別：丁種建築用地
民國098年01月　公告土地現值：＊＊＊14,200元／平方公尺
其他登記事項：分割自：　　　地號　　　　　　　　　**1015坪**

1. 列印時間越近越好。

2. 注意土地的使用分區。

二、所有權部

＊＊＊＊＊＊＊＊＊＊＊＊　建物標示部　＊＊＊＊＊＊＊＊＊＊＊＊

登記日期：民國094年03月25日　　　　　　登記原因：地籍圖重測
建物門牌：
建物坐落地號：
主要用途：住家用
主要建材：鋼筋混凝土造
層　　數：005層　　　　　　　　　　　　總面積：＊＊＊＊＊69.52平方公尺
層　　次：五層　　　　　　　　　　　　　層次面積：＊＊＊＊＊69.52平方公尺
建築完成日期：民國---年--月--日

3. 確認建物主要用途。

＊＊＊＊＊＊＊＊＊＊　建物所有權部　＊＊＊＊＊＊＊＊＊＊＊＊

(0001) 登記次序：0001
登記日期：民國071年06月16日
原因發生日期：民國071年05月20日　　　　登記原因：買賣
所有權人：黎＊＊
統一編號：E100＊＊×7

4. 確認所有權人是否為賣方本人。

三、土地（建物）他項權利部

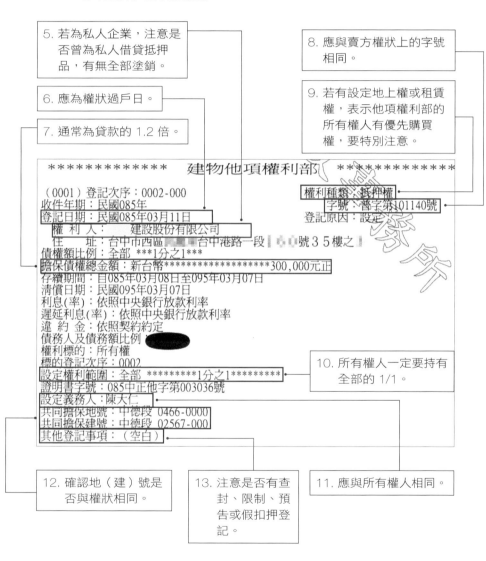

5. 若為私人企業，注意是否曾為私人借貸抵押品，有無全部塗銷。

6. 應為權狀過戶日。

7. 通常為貸款的 1.2 倍。

8. 應與賣方權狀上的字號相同。

9. 若有設定地上權或租賃權，表示他項權利部的所有權人有優先購買權，要特別注意。

```
**********　　建物他項權利部　**********

（0001）登記次序：0002-000
收件年期：民國085年
登記日期：民國085年03月11日
權 利 人：　　建設股份有限公司
住　　址：台中市西區　　　台中港路一段　　號35樓之
債權額比例：全部　***1分之1***
擔保債權總金額：新台幣*****************300,000元正
存續期間：自085年03月08日至095年03月07日
清償日期：民國095年03月07日
利息(率)：依照中央銀行放款利率
遲延利息(率)：依照中央銀行放款利率
違 約 金：依照契約約定
債務人及債務額比例
權利標的：所有權
標的登記次序：0002
設定權利範圍：全部　*********1分之1*********
證明書字號：085中正他字第003036號
設定義務人：陳大仁
共同擔保地號：中德段 0466-0000
共同擔保建號：中德段 02567-000
其他登記事項：（空白）

權利種類：抵押權
字號：普字第101140號
登記原因：設定
```

10. 所有權人一定要持有全部的 1/1。

12. 確認地（建）號是否與權狀相同。

13. 注意是否有查封、限制、預告或假扣押登記。

11. 應與所有權人相同。

謄本的內容大致分為三部分：標示部、所有權部分及土地他項權利部。

一、標示部：記載著土地／建物登記及原因發生日期，地目，面積，主要用途，主要建材，使用分區等……。

二、所有權部：從所有權部可以知道所有權人的詳細基本資料，其權利範圍是多少，其核對權狀字號等……。

三、土地（建物）他項權利部：從他項權利部可以得知，該土地是否有設定其他權利種類，例如抵押權、地上權、二胎房貸等。

在確認謄本時，以下這些細節務必注意：

● **最新列印時間**：通常要在買賣合約書簽約當天前一小時，做更新確認，不然都有可能被做手腳更改。

● **使用分區**：要注意看房屋所處的使用分區為何？是商業區、工業區、住宅區……如顯示空白，即表示該筆土地位於都市計畫內，要以地籍圖正本，至該區鄉鎮市公所申請「分區使用證明書」。

● **所有權人**：需要核對所有權人是否與賣方相同，與權狀上的姓名也相同，有可能權狀是偽造的。

● **權力字號**：應與賣方權狀上的字號相同。

● **權力種類**：通常為一般房屋貸款──最高限額抵押權，若有設定地上權或是租賃權，表示他項權利部的所有權人有優先購買權，要特別注意。

● **權利人**：通常為銀行，若是其他自然人或是法人名字，為

民間私人借貸，以房子為抵押，要特別注意過戶前要全部塗銷。

●**設定權力範圍**：留意所有權人是否持有全部一分之一，不然產權容易引起糾紛。

●**登記日期**：應為權狀上過戶日期。

●**原因發生日期**：為買賣簽約日期。

●**其他登記事項**：注意是否有查封登記，限制登記，預告登記，假扣押登記……等。

●**擔保債權總金額**：通常為貸款金額的 1.2 倍。

●**共同擔保地／建號**：有時坐落建物的土地不只一筆，應確定地建號是否與權狀相同，要注意屋主是否只拿一張土地產權來賣，如是屬於瑕疵物件。

●**主要用途**：看是不是為住家使用，避免買到工業住宅。

●**設定義務人**：通常要與所有權人相同，如果不同要特別注意，可能是其他人以此土地／建物拿來抵押貸款。

二、比對建物測量成果圖及地籍圖

除了看房子的身分證謄本外，我還會比對建物測量成果圖及地籍圖，這些資料可向各地的地政局申請，也可直接上網申請（費用為每筆 10 元）。

一、建物測量成果圖：標示了謄本也會出現的座落基地號、建物、附屬建物、雨遮、樓層、平台、露台、樓梯，主要是看建物的形狀，及位置與面積有沒有與謄本上的相同。通常為地政單位在房子蓋好後，為保存登記所繪製的圖，因此有房屋最原始的圖，很多中古屋可能轉手多次，歷任屋主可能會進行整修或是變更格局，是可以看出有沒有二次施工與增建的好方法（見第 123

頁圖 1-35）。

二、**地籍圖**：則是可以檢示整個社區或是個別的土地形狀、界址、面積、鄰地等……，主要檢查自己的建物，是否蓋在他人的土地上，或是基地是否有被設定為道路、公園等公共設施用地，未來可能有被徵收的風險。

買房附車位超划算？小心被坑殺

雖然實價登錄解決了一部分資訊的不透明，但還是有很多小細節可以去著墨分析。像是一般仲介官網或是平台網路上，大部分的售屋權狀坪數都含車位，**如果車位的坪數和價格沒有從總坪數拆開來看，會使建物的每坪單價算出來很低**，再加上每個地區的車位總價，會隨著屋齡、地點及樓層而改變。因此，務必把車位和總坪數拆開來算算看，才能避免被坑殺。

以桃園市中壢區為例，一般屋齡 20 年中古華廈的平面車位，以民國 104 年的平均行情，一個車位約 80 萬到 100 萬不等，屋齡 10 年內的新古屋，通常抓 100 萬到 120 萬，若是預售屋的車位，則多半落在 130 萬到 160 萬之間。

若購買豪宅，就以中壢區最精華的海華 SOGO 特區來看，總價 4,000 萬以上的豪宅，車位單個至少要 200 萬起跳。如果是機械車位，則在 50 到 70 萬。但以台北市區的車位行情，則要300、400 萬起跳。由此可知，車位的類型、所處地段以及房屋的類型，都會影響車位的行情。

含不含車位有差這麼多嗎？只要實際計算過後，你就會發現其中的價差。假如，有個中壢地區的屋齡五年新古屋，權狀登記 40 坪，開價為 1,000 萬，看起來是單坪價格為 25 萬元，但如果車位就占了 10 坪，車位價格以 150 萬計算，真正的單價應為：

$$（1,000－150）／（40－10）=28.33 萬元$$

實際一算，每坪就差了 3 萬元，若購買的產品總價越高，差距會更大，所以務必小心評估。

由此可知，買房不僅要研究房屋的行情，若要買車位，就一定要了解附近車位的價格，如果仲介或建商把車位計入總坪數裡，一定要把車位拆開計算。所以房屋每坪單價的算法，有以下兩種：

● **有車位房子的價格＝（成交價格－車位價格）／（總權狀坪數－車位坪數）**

● **無車位房子的價格＝成交價格／總權狀坪數**

一般來說，平面車位介於 7 坪到 12 坪之間，機械式車位則大概在 3 坪到 6 坪之間。不過，如果仲介把車位計入總坪數裡，你可能很難發現車位的坪數是多少，因此，務必要自己去現場實際測量、確認。

買附車位的房子時，除了把房屋與車位單價拆開計算之外，還要注意你買到的是哪種車位，若是標準車位，就是指 2.5 公尺

（寬）×6 公尺（長）的車位（即 4.53 坪），還有一種車位是四分之一法定車位，也就將長寬各減 0.25 公尺，變成是 2.25 公尺（寬）×5.75 公尺（長）的車位（即 3.91 坪）。

可別小看這 0.25 公尺，如果你開的是美規車、休旅車等大車，停入四分之一的法定車位，可是會讓你車頭突出在停車格外，完全停不進去。之前就有一則新聞報導，有一位消費者買了附帶車位的公寓，入住後才發現自己的休旅車完全停不進去，提出訴訟卻敗訴的案例。

最後，要注意車位的使用權，又可分為以下三種：

一、法定停車位：建商依照法律一定要設置的法定停車位，大多屬於大公持份裡面的坪數，必須與房屋主建物權狀坪數一併移轉，不能單獨移轉，有些由管委會抽籤使用者付費。這類車位被設定為「法定防空避難設備兼做法定停車空間」，意指大樓地下室，是充作防空緊急避難之用，平時兼做法定停車空間，但是在國防部宣布戰備警戒時，地下室應於 24 小時內騰出，供作防空避難使用。（大部分屋齡 20 年到 25 年的中古華廈附的車位，具使用權屬於這一類）。

二、增設停車位：增設停車位是申請建築之起造人，超過法定車位數量外另外增加的停車位。這類停車位可以併入公共設施（小公，限賣給同區分所有權人），或是獨立產權方式登記，好處是可以自由買賣。

三、獎勵停車位：是政府為了獎勵建商換取多的容積率，經

法令許可而增設停車位供公眾使用，**這類停車位可以獨立登記產權，並可單獨買賣**。購買獎勵停車位雖然較便宜，但可能要與外人一起使用，其方便將大打折扣。

▶**圖表1-38　三種車位的使用權比較**

種類	法定停車位	增設停車位	獎勵停車位
使用權	屬於大公持份裡面的坪數，必須與房屋主建物權狀坪數一併移轉，不能單獨移轉，有些由管委會抽籤使用者付費。	這類停車位可以併入公共設施（小公，限賣給同區分所有權人），或是獨立產權方式登記。	政府為了獎勵建商換取多的容積率，經法令許可而增設停車位供公眾使用。
優點	不對外開放，使用規則清楚（管委會或住戶彼此協商制定）、出入分子單純。	有獨立產權，可轉移。	有獨立產權，價格較其他類型車位便宜。
缺點	民國80年9月18日後取得的車位無獨立產權，無法轉移。	停車不限社區住戶，進出分子較複雜。	停車不限社區住戶，進出分子較複雜。

　　順帶一提，如果你買了附車位的房子，但自己沒有車，也可以把車位租出去補貼貸款。我有一個朋友小豬在龜山工業區上班，平常開車通勤上班，民國99年以前，他在桃園市桃園區三民路附近租屋，平常就把車子停在公園附近及住家路邊的免費車位，下班大約花個10分鐘到15分鐘就可以停好車。

　　直到附近鄰居檢舉路邊停車會妨礙交通，及公園剛好同時要整建規劃，一時之間停車位變得一位難求。連私人的月租型露天停車場，都因此漲價了 1,000 元，在每天受氣找不到停車位，加上準備結婚，小豬決定去買一間帶車位的房子，一次解決所有的問題。

　　剛好，他看到附近有一個 2 房＋車位的 20 年中古屋，二話不說就決定把它買下來，因當初建商規劃此社區時，主要為套房以及 2 房的房型，總共 250 戶，車位卻只有 100 個左右。不過，因為會買套房及 2 房的人，大多使用摩托車而非開車，導致停車位賣的產權多集中在少數人的手上，加上地下停車位沒有定時維護與修繕。所以小豬突然靈機一動，因為他住附近已經好幾年了，知道這邊的人有著極大車位的需求。於是他開始規劃，慢慢把這個社區的車位一一買下來做投資。

　　他後來當上社區的主委，用五年時間買進 30 個獨立產權的車位，市價行情一個約 80 萬元，但因為這社區地下室很久沒整理，小豬硬是把價錢壓到一個車位 60 萬元左右。然後開始跟管委會協調，整理這個原本不堪使用的地下室，使其煥然一新。管委會花了約 100 萬全新整理完後，車位就很快速的如期順利出租。

　　假如一個地下室內平面停車位月租 3,000 元，一個車位年收租就是：

3,000（每月租金）×12（月）＝3.6 萬元

他總共有 30 個車位，所以一年所收的租金為：

$$30 \times 3.6 \text{ 萬} = 108 \text{ 萬元}$$

其年化投報率為：

$$3.6 / 60 \fallingdotseq 6\%$$

到了民國 104 年，附近的車位行情都漲到 100 萬元了，小豬除了每年穩收租金外，還依序把漲價的車位分批賣掉，他就因此賺了好幾桶金。且由於車位總價普遍低於房價，熱門地段的租金效益不差，又沒有房子會折舊的問題，購買車位收租其實是個不錯的投資選項。

不過，不是每個區域都適合運用停車位來投資賺錢，通常投資的區域要在車位需求甚高的市中心，還要觀察此區域的每年淨移入人口，與附近人口的主要搭乘交通工具的習慣。一般來說，早期開發的老社區較少規劃停車位，若又位於市中心，就很容易遇到停車問題。

但目前市面上大多數銀行並無承辦車位貸款，若要貸款可能要多比較詢問，可以承作獨立產權貸款的銀行。否則，想投資車位，還得先準備一筆能靈活運用的資金。

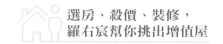
凶宅、海砂屋、輻射屋，這樣檢驗

看屋時，如果發現漏水、壁癌、管路不通等問題，只要是經過修繕、裝潢就能改善，且預算許可，這類小毛病多的房子，其實很值得入手。畢竟這些問題都可以作為議價籌碼，為你爭取更大的增值空間。但如果是「凶宅、海砂屋、輻射屋」這類型的問題宅，那就麻煩大了。

每個人都很怕買到凶宅，就算本身不忌諱，日後轉手也會遇到問題。雖然購買中古屋時，房仲業者會請原屋主勾選是否為凶宅，但這基本上採取自由心證，不過若屋主刻意隱匿，就已經犯了詐欺罪，買主可以要求解約或降價。

話說回來，凶宅的定義為何？目前內政部認定的凶宅為「發生過兇殺或自殺致死案件之處」，但坊間認定的凶宅還包含因意外死亡（如：瓦斯中毒、火災、興建過程中有人意外死亡等）。

之前新聞報導曾發生過，有個婦人買了近千萬的套房，窗戶正對的就是曾經發生過命案的白雪大旅社，但購買時房仲未將這個訊息告訴她，理由是因為：「凶宅在隔壁，並非該戶為凶宅」。為了避免在不知不覺中與凶宅為鄰或買到凶宅，在確認時，建議擴大凶宅的查詢範圍，不只要查該樓層、該戶，最好也連鄰居、社區都查一下有無發生意外事件，左鄰右舍或是里長伯，都是你可以詢問的對象。

當然，現在網路很發達，你也可以上台灣凶宅網查詢，該戶是否曾發生過意外事件。

▶圖表1-39　查詢是否為凶宅的四個方法

一、事前上台灣凶宅網查詢。

網址：http://unluckyhouse.com/

二、向鄰居、管理員、鄰里長、社區管委會打聽。

三、到派出所查非自然生故報告。

四、在買賣契約書上加註「排除凶宅條款」，並將凶宅的定義擴大到整棟樓。

　　除了凶宅之外，海砂屋和輻射屋也是令許多人頭痛的問題宅。幸運的是，這兩種房子現在透過檢測都能查出來，所以不用太擔心。

　　台灣在民國 71 年到 73 年間，曾出現使用受到汙染的輻射鋼筋蓋的建築，從民國 81 年在台北市民生社區發現第一棟輻射屋後，至今全台有 905 戶輻射屋列管中，這些物件多分布在台北市、新北市、基隆與桃園地區。

　　如果你買到的中古屋恰巧落在這三年間，測量到的背景輻射量高於每小時 0.1 微西弗到 0.2 微西弗，就有可能是輻射屋。當然，你也可以先上網至「行政院原子能委員會」（http://www.aec.gov.tw/），輸入建物所在地資料查詢，或至各區域的地政事務所確認。

　　至於另一個令人頭痛的問題宅「海砂屋」，其真正的名稱是「高氯離子含量的混凝土建築物」，一般來說，蓋房子用的混凝土，是由砂、石頭和水泥混拌而成。民國 70 年以前，北部興建房子所使用的砂，大部分採自新店溪，砂的顆粒粗、不含鹽分，適合建築物使用。

　　但後來營建業的蓬勃發展，許多不肖業者濫採砂石，加上政府未及時訂定出相關辦法監督，河川的上、下游砂石都被掏空，造成河面下降，橋墩傾斜，政府隨之下令禁採。採砂業者轉移陣地，改到淡水河口附近開採。

　　淡水河口的砂，顆粒細、含泥量高，又有海水倒灌的問題，

即使是河砂，也內含鹽分。鹽在水中會溶解成氯離子，混拌成混凝土之後，包覆住鋼筋，會在短期內造成電化學反應，使鋼筋容易腐蝕，不但較易折斷，水泥也會剝落，嚴重影響建築物的結構安全。

所以海砂屋真正的定義，並非指用海砂蓋成的房屋，而是指含氯量過高的房子。用海砂蓋房子並不一定會出問題，而是使用的砂，內含鹽分是否有做妥善的處理。未經處理的海砂內含鹽類，用以作為混凝土骨材，會造成建築結構物潛在的危險。**海砂屋通常會有幾個明顯的特徵：**

一、壁癌現象：樓板（天花板）的混凝土保護層會突起、剝落，看起來很像壁面受潮的壁癌，但此種壁癌並非滲漏水導致，而是鋼筋出現了問題。

二、混凝土塊剝落，鋼筋鏽蝕外露：樓板鋼筋混凝土保護層凸起、剝落、鋼筋繡蝕。

三、梁上出現水平狀裂縫：表示鋼筋已經生鏽了。

四、柱子出現垂直狀裂縫：若出現這種徵兆表示已威脅到建築主體的安全。

所以看屋時，如果遇到有做天花板的房子，最好親自掀開天花板查看，只要鋼筋嚴重外露，或有以上徵兆，務必詳細追查這棟建築的建材和建造年份，也可向屋主要求做氯離子檢測，而民間公司或政府單位皆有提供氯離子檢測服務，基本費用是鑽測兩個樣本（亦即兩個洞）3,000 元。若每 1 立方公尺的混凝土中，

氯離子的含量超過每立方公尺 0.3 千克以上，即為海砂屋。此外，建議慎選房仲，如果真的不幸買到海砂屋，也可以要求仲介負連帶責任賠償。

別忘打聽屋主背景，找到隱藏的增值空間

有句話說，「知己知彼，百戰敗勝」，了解屋主的年紀、工作、持有房屋的時間與屋況，都是買房前不可或缺的準備工作。

若打聽後發現，屋主持有時間較短，可以由此判斷屋主承受較高的貸款壓力，如果剛好又屬於賣壓大、位於重劃區剛交屋的新房，因售屋量大，這時就可以用力的砍下去。

如果是位於市中心的物件，由於地點好，要是出價太低可能會被當成來亂的，屋主連理都不想理你。當然，也別忘了參考謄本，看屋主是否有跟銀行或私人借貸幾胎，通常借到二胎以上就很有壓力了，可以大膽的出價。

▶圖表1-40　海砂屋的四個特徵

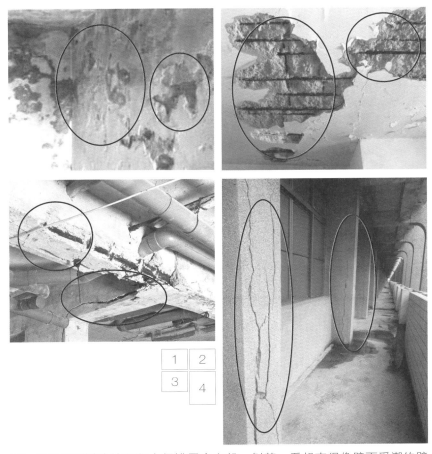

1	2
3	4

[1] 樓板（天花板）的混凝土保護層會突起、剝落，看起來很像壁面受潮的壁癌，其實是鋼筋出問題。

[2] 凝土塊剝落，鋼筋鏽蝕外露：樓板鋼筋混凝土保護層凸起、剝落、鋼筋鏽蝕。

[3] 梁上出現水平狀裂縫，表示鋼筋已經生鏽了。

[4] 柱子出現垂直狀裂縫，表示已威脅到建築主體的安全。

第二章

議價自己來？
讓代書、仲介成為
你的助力

第一節

誰才是房仲高手？
房仲店的牆面、名片看得出來

　　房地產的學問領域如此廣大，每個仲介所擅長的產品項目不同，因個人年資與主攻產品都有差異。有人擅長經營當地指標型社區大樓，有人擅長處理土地糾紛，有人擅長賣透天別墅，到底要怎麼挑適合的仲介呢？

　　一般來說，一個仲介要在這行業待至少三年，才會有所精通與專攻領域。所以一般剛入行不到一年的菜鳥，不一定比你專業或是有經驗，他們通常還在學習嘗試的階段，但菜鳥不見得就不好，如果對方夠勤勞、認真，一樣有可能為你談到好的價格。

　　若以台北市地區的仲介為例，年資普遍比台北市以外的平均年齡大，如果是三年以上老鳥，通常會鎖定他們平常在經營產品區塊的客戶。例如：某個老鳥仲介對於店面經營非常在行，有十年以上的經驗，買賣過上百件案例，如想委託他去賣小公寓坪數產品，這案子有可能接回來就被冷凍，或是交給其他同事處理，所以，還是找和自己合得來的仲介最重要。

　　雖然說把事情交給專業的準沒錯，但注意不要過度把所有看房的功課，全權交給仲介去處理，自己還是要主動找尋相關資訊。至於如何觀察仲介的年資，有三個訣竅：

一、進房仲店前，可先看看外面牆上與櫃檯前成交的紅單子（排名紅布條）或獎牌，誰的名字出現最多，或是他成交的是怎麼樣類型的產品，**可指定對特定類型比較強的仲介業務**。

二、可先上 591 房屋交易平台，或是一些私人部落格先做功課，看看每個仲介的主要銷售產品，或是哪個社區經營的比較好（例如，是某某社區的成交王）。

三、收到名片時，可以看看左下方有個登記字號，號碼越前面或是年份越前面的，就代表年資越深（見下頁圖表 2-1）。

不過，到底哪種仲介比較好？其實沒有一定的答案。我所遇到的房仲類型也有好幾種，有人堅持只幫自住客服務，有些人專職經驗店面投資客，因為賺的成交備金比較高，也有些仲介完全不理會投資客，我只能說要多和仲介交流與比較，確認他們的服務意願。

我就曾經到中壢車站的一間房仲想委託賣屋，一進去後遇到一個年紀約三十左右的年輕人來接待我，當我開口說是要賣房子，而且背後是一個投資團隊時，他態度瞬間改變，臉色表露出不屑，口氣也變得不太好：「唉唷，年紀輕輕就有房賣很強嘛，告訴你我賺的也不會比你少啦，我自己也有在投資房地產……。」然後要簽不簽的很想趕快把我打發走。所以，市場中什麼樣的業務都有，只有遇到適合自己類型的仲介，才能買到對的房子。

▶圖表2-1　三個細節，找出能力強的房仲

數字越小代表年資越深。

牆上姓名出現越多，表示績效越強。

若有屬意的社區，可找專營該社區的仲介。

委託買房，找直營店和加盟店有什麼差？

直營店與加盟店的最大差異，在於直營店是由總公司在各區域開設的分店，相關的行政與業務政策都由公司來規範。所有管銷成本以及業務薪水，也是由總公司發放。業務薪水採有底薪制或低獎金制，如果店頭與客戶間發生糾紛，會上呈至總公司去了解案情，再懲處相關人員，買賣是較有保障的。

若是加盟店則是由店東（也就是股東）去指揮與規範，薪水大都採無底薪制，獎金比例分配也都由店東決定。假如與客戶之間有發生糾紛，到頭來還是由加盟店店東自行處理解決。

至於**委託直營店買屋的好處，在於直營店的資源較多元，有著聯賣制度**，各店關係較團結，全台不同分店都可以幫你找房子。而且多半擅長經營社區大樓，有大量廣告媒體資源可打廣告。所以，很快就能篩選出適合的產品，萬一發生糾紛，處理速度也比較快。

還有一點是，除台北市以外，直營店的仲介年齡層普遍偏低（因為北市以外房屋的總價較低，有能力的業務，都會轉去高獎金的加盟店），所以經驗通常較菜，可是有拼勁、充滿熱忱。

而加盟店雖然資源不像直營店那麼多，不過通常會在某個區域在地深耕較久，比直營店更了解在地的資訊，人情味與專業度就是他們的強項。仲介的年齡層平均較直營店大，擅長經營各類型的房地產：像是土地、道路用地、區段徵收地、透天或店面等，**如要找特別產品，或是想買到較便宜的案子，在加盟店也比較有機會找到。**

第二節

仲介話術，得這樣破解

「政府優惠房貸利率這麼低，大家都在搶，現在不買額度就快用完了！」不論買預售屋或中古屋，你一定聽過仲介用各種話術，積極鼓吹你快點決定。

一般來說，仲介最喜歡給買家時間壓力，並用各種話術迷惑買主，聽得越多越容易失去判斷力。不過，畢竟買房子這件事，一次拿出來就是幾百萬，所以務必想清楚四件事：房子的地點好嗎？環境適合自己嗎？總價合理嗎？未來轉手會遇到問題嗎？才能做決定。接下來，我整理出常見的仲介話術，幫你讀懂仲介的真心話。

一、「裝潢好的房子，買到賺到。」

參觀中古屋時不難發現，很多內部都已經裝潢過了，這時仲介還會告訴你：「這裝潢是全新的，價值 200 萬到 300 萬，房屋的總價又不貴，簡直買到賺到！」聽到這句話，你內心一定要有所警惕，很多裝潢都是為了掩飾屋況糟的問題，而且，若是為了掩飾屋況不良的裝潢，材料一定不會用太好，施工品質也堪慮，很容易出問題。

所以，**挑選中古屋時最好找裸屋**，雖然勢必花一筆錢裝修、

重新整理，但看房時較容易掌握屋況，而且還能趁機殺價，對買家比較有利。

二、「屋主晚上才有空安排看房。」

　　當仲介告訴你：「屋主白天要工作，所以晚上才能安排看屋。」聽到這句話可別傻傻的就答應仲介安排的時間，這很可能代表「這間房子的採光八成不太好」。畢竟仲介為了盡快把房子賣出去，勢必會做點美化與修飾。若要破解這類的話術，建議買屋前至少要看五次，白天看一次、晚上看一次、晴天看一次、雨天看一次，最後一次主要針對屋況做詳細的評估，這樣才能完整了解你看的房子是否真的適合。

三、「已經有人出價，最好快點決定。」

　　如果你已經看過兩三間房子，一定聽過仲介跟你說：「我今天已經帶看了好幾組，其中有一組客人好像很滿意這間房子，如果你要買可能要快點做決定。」或是當你透露想入手的價格時，仲介卻說：「但這間房子已經有人出價了，而且價錢比你高，很可能會成交。」不論這句話到底是真是假，千萬別被仲介影響，進而匆促做決定，還是要堅持自己的原則，並且保持平常心，就算真的錯過也無妨，下一間會更好。

四、「我們可以幫你申請到更高額度的貸款。」

　　遇到喜歡的房子，但貸款超過自己的預算而開始猶豫，若被房仲察覺，他們多半就會脫口說出這句話，一般人聽到仲介這麼說，很難不心動。不過，**貸款成數高低不是重點，還不還得起才**

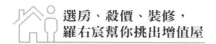
是問題。所以，建議衡量自己的還款能力，確認每個月房貸落在多少區間，自己能負擔並且不會影響生活品質，才是買房前該考量的重點。

▶圖表2-2　七個問題，識破黑心仲介

除了以上五大房仲常見話術外，建議做決定前，可主動問房仲以下七個問題，測試對方是否有事隱。

問題	黑心仲介
這房子有多大？	這間房子總坪數○○。
屋內整修過嗎？	為了賣房子，屋主有大概整理過。
這裡有學區嗎？離菜市場、賣場多遠？	這在○○學區內，菜市場大概 10 分鐘內可以到。
這附近同類型的住宅的行情是？	這裡賣得很好，幾乎沒有房子可以賣了，現在一坪都要○萬了，還會繼續漲。
買方還要支付哪些費用？	你放心，我們公司有專人幫忙處理。
屋主為什麼要賣？	屋主要移民了。
我想買但想要議價，該怎麼做？	先下斡旋金，跟屋主比較好談。

五、「這條巷子很安靜，不會有車子出入。」

若仲介說出這種話，十之八九這間住宅是落在無尾巷，或是巷弄非常狹窄，車子根本開不進來，撇開風水問題不說，遇到緊急狀況連救護車、消防車都開不進來，這就不太妙了。

迴避方式	良心仲介
以總坪數搪塞，扣掉公設可能沒多少。	扣除停車位、陽台、雨遮以及其他公設，還有○○坪。
回答的很模糊，表示可能有漏水等問題。	屋主曾換過○○和○○。
可能對周邊環境不了解，或是故意含糊帶過，10 分鐘若是開車的距離就很遠了。	離學校步行○○分鐘，買菜可以到附近的生鮮賣場，走路○分會到。
以稀有、後勢看漲逼你快速做決定。	附近同類型的住宅每坪大概○萬元。
可能沒什麼經驗，對法規不熟。	契稅、代書費用、財產交易稅等稅費。
講不出具體理由的房仲，常用屋主不常在台灣矇混過關。	小孩長大了，室內空間不夠要換屋。
催促付斡旋金，就是不想給你任何考慮時間。	下斡旋金，也可以簽要約書。

第三節

用第三方角度和屋主議價，
提高成功率

很多人為了省仲介費，喜歡跳過仲介直接跟屋主談價格，但前提是自己要有心理準備，得花很多的時間去跟屋主「搏感情」，而且即使投入大量的時間成本，還不一定有用。而這就是仲介的專業所在，很容易就能幫你達到目的。

我有個仲介朋友小陳，他非常積極的帶看，每週會回報屋主三次，週末幾乎都約了買方看屋，還幫屋主打廣告、做看板，照顧屋主的房子就像自己家一樣。結果，最後這房子賣給了屋主鄰居的好朋友，他等於沒賺到業績，但屋主看到小陳的辛苦以及對房子的用心，還特地請他吃了一頓晚餐，並包個小紅包給他。

專業的第三方，搞定大小麻煩事

市場之所以需要仲介來當第三方談價格，是因為中國人認為，講到錢就傷感情，有些人也會拉不下臉來殺價，或是不願意讓價，過程中假如發生了買賣糾紛，也沒有人可以幫忙居中協調，只能上法院處理，這時，若有好的仲介幫忙處理雜事，就可以為自己省下許多不必要的麻煩。

其實，很多時候房子的價格談判空間，是靠房仲的精力與時間，一天一天換來的。比方說，多數仲介會幫屋主清掃空屋，希望能換來好賣相，有的仲介甚至會三不五時就到負責物件的社區，修水電、換燈泡，讓管理員和鄰居留下好印象，這麼一來若有人來看房，管理員說不定還會好心幫忙牽成。

的確，不透過仲介交易的確可省下一些仲介費，但真的比較便宜嗎？或是真的能買到優質的物件嗎？其實不一定。因為你必須要剛好遇到喜歡的房子，接觸屋主時，還要花大量的時間跟他長期抗戰來議價。

而且好的房子其實很快就會被人訂走了，再另外找喜歡的又不知要花多少時間，所以如果真的有屬意的物件，建議還是找房仲來處理議價及其中的細節，不僅為自己節省時間，也提高買到心儀住宅的機率。

黑白臉策略，理性砍價

如果真的不想透過仲介買房，建議可時常（最好是一週三次）到你喜歡社區，跟管理員探聽或是在喜歡的區域附近，跟鄰居打聽一下附近有沒有房子要賣（這也是仲介常在做的事情），如運氣很好，剛好遇到了喜歡的，建議用「第三方」來談價格，例如：「是我弟弟要買的」、「我死黨準備結婚，正在看房子」，這樣會比較容易談。

另一種方式是黑白臉策略，簡單來說就是可以找你的朋友或

家人，一個扮黑臉一個扮白臉。你可以跟屋主說，你很喜歡這間房子，可是家人不是很贊同，因為價格太貴了，可不可以給一點折扣。

不過，黑臉的角色不是一直說屋主房子的不是，也要善用理性的邏輯分析來殺價，避免屋主聽了不高興索性不賣了。

你可以這樣說：「這房子格局很棒，只是這裝潢已經不堪使用，需要整個打掉重新設計，要花一筆費用，此外還要處理壁癌、漏水等問題，可能會超過預算……。」

理性分析完後，接下來可以稍微攀關係，製造彼此的親切感，例如：稍微提到有相同的經歷，或是共同興趣的事，只要聊開了，成功機率自然增加。

賣房子時也是一樣，建議一定要找第三方幫你談，我自己就曾受過一次教訓。民國 102 年時，跟我感情非常好的仲介小陳，介紹一組買方準備和我談價格。

一開始，我堅持守住的價格為 500 萬元，但最後卻因為抵擋不了小陳對我動之以情的攻勢，小陳：「右宸，你就幫幫忙嘛，看在我們認識那麼久的份上，也讓我幫你賣一間房吧！」最後，我受不了小陳的請託，以 470 萬元成交。跟我預期整整差了 30 萬元。

有時太熟的朋友反而不忍心拒絕，如果善用黑白臉策略，找其他人幫我議價，相信絕對不會給出這麼大的降價空間。

和仲介議價，與他一起演戲

　　仲介通常在還沒有約見面談（店長通常會負責主導）前，就會開始鋪陳。店長是導演兼編劇，仲介則是專業演員。

　　通常一開場，他們會選用哀兵政策例如：「前一天晚上跟屋主聊了三個小時，價格還是談不下來，最後被罵到臭頭。」遇到戲劇派的仲介，你若到最後還是堅持自己的開價，他們甚至會上演走人戲碼，凶狠的說：「你這價格屋主不可能答應的，根本是害我去給屋主罵。」

　　就算我已經有很多次買賣的經驗，遇到很會演戲的仲介，還是會被他們唬得一愣一愣，尤其，在當下的氣氛，很容易會被現場的氛圍影響，如果當天的狀況不好，又已經花很多時間談，一不小心可能就會落入他們的圈套。

　　為了避免自己失神亂出價，唯一的方法就是設好自己心目中的買價，一開始就說好堅持不加超過自己的底線。例如：心中的買價是 1,000 萬，加到 950 萬時，就要慢慢展現自己對於價格堅持的態度，另外，議價時要兩個人一起去，當價格談不下來時，通常要上演一個人馬上走人，一個人負責拉人的狀況劇。

　　當然，若對方態度很強硬不肯降價，你就要馬上走人。即使房子真的因此被別人買走就算了，千萬不要得失心太重，才不會不小心就超出預算。

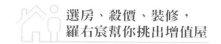
跟仲介出價的拿捏，如何出得漂亮？

懂不懂得出價的眉角，會決定仲介對你的評價，若他發現你是一個懂市場行情的好買方，勢必不太敢對你耍手段。比方說，行情價 500 萬的房子，地點屋況不錯，周遭也沒有任何險惡設施，你如果直接出 6 折 300 萬，保證仲介下次不會再連絡你了。除非是運氣真的很好，有什麼天大的理由，屋主願意用這麼便宜的價格成交。相信我，這種機率比中樂透還低，而且若真的有這種案子，一般可能就直接被仲介內部人員直接買走了。

我在出價之前，會先找出這房子可以議價的籌碼。可以從下列幾點做分析：

一、屋況差或是裝潢不符合需求，要花錢打掉整理：可能要花幾百萬，可以視你的預算請屋主給一些折扣。

二、有嫌惡設施：無法解決，先砍一成。

三、其他不易處理的抗性：像是路沖、公寓頂樓、格局超奇怪、風水差等……，再扣一成。

在帶看時，仲介一般都會口頭試探客戶的出價上限價格，同樣的，我們也可以口頭出價試探一下，假如一個物件有以上三點可殺價的籌碼，你可以這樣試探屋主的底價在哪：

買方：「這個案子地點不錯，我是滿喜歡的，但屋況極差，裝潢要打掉重作，加上修頂樓漏水，零零總總的整理至少要花 100 萬元，而且又是頂樓、有路沖，旁邊 100 公尺又有加

油站……。」（先釋出善意，再具體說出可能需要的花費，以及房屋的缺點。）

仲介：「沒關係，你說看看你的價格，我再幫你跟屋主『喬』。」

買方：「但我說出來怕你會不理我，因為價格和屋主的開價差距有點大。」（以退為進，幫對方打預防針。）

仲介：「沒關係，你說說看。」（大部分仲介都會願意聽聽買方的想法。）

買方：「是你叫我說的，聽完不要捧我……，大概 350 萬元。」（用開玩笑的語氣緩和氣氛，再提出你的價格，建議別低於開價的七折。）

仲介：「哇！這也差太多了，你這樣子一定買不到。」（這時仲介通常都會用很誇張的語氣帶動作，千萬別被影響。）

買方：「我會出那麼低，是因為我剛剛說的那些具體的原因，是你叫我說的，你再幫我努力看看嘛。」（這時口氣可以婉轉一點，並拿出斡旋金。）

仲介：「好啦，我幫你努力看看，沒有買到不要怪我。」（出價成功。）

一般來說，已經看到喜歡的房子，但想爭取議價空間，就會支付斡旋金，也有人會簽要約書表達購屋意願，基本上，這兩者的效力是一樣的。

斡旋金通常為買方開價的 2% 或 10 萬元上下。當然，也有人為了表示誠意，直接搬百萬現金親自跟屋主協調，有時候，仲介會建議買方直接跟屋主談，你可以自行評估是否要親自出面。

只要買賣雙方取得共識，斡旋金就會轉為訂金，如果交易不成功，斡旋金也會全部退給買方，不需要支付任何額外的費用。

如果不想拿出一大筆現金，但還是想跟屋主議價，這時就可以用內政部版本的要約書，由於要約書等同買賣契約，有三天的審閱期，上面會註明承攬總價、不動產買賣標的的座落位置、面積、付款條件等細節。

當然，出完斡旋金或簽訂要約書（見第 162 頁圖表 2-4）後，也不能完全放心，要特別注意以下幾點：

●給仲介一週的時間。通常，委託期間越長對仲介越有利，最少要給對方三天，但最長不超過七天。

●書面合約上一定要有經紀人所屬仲介店的店章，以及經紀人登記字號及簽名。

●如果突然反悔不買，一定要即時通知仲介。只要屋主還沒簽名前，都可以拿斡旋金。

須注意一點，若雙方已簽訂合約，任何一方反悔都得付賠償金。斡旋金違約的話，是付多少賠多少，要約書則不同，根據政府規定，違約金為買方出價的 3％。

假設某 A 出價 1,000 萬元，經賣方同意後卻反悔，則須賠償 30 萬元違約金。如果買方在要約書出的價格，已達賣方底價，賣方卻不願售屋，此時買方無法拿到任何賠償金額。但因賣方違反了委託銷售契約書內容，而致交易失敗，賣方須賠償底價 4％的金額給房仲。

▶圖表2-3　要約書與斡旋金的比較

項目	斡旋金	要約書
目的	買方展現購屋誠意，方便房仲與屋主議價。並可預防任何一方惡意違約。	
成立方式	● 現金、本票。 ● 金額不定，一般約為買方開價的 2% 或 10 萬上下。	簽約。
議價成功	斡旋金直接轉成訂金，約定簽約時間。	雙方約時間付訂金並簽約。
議價失敗	退還斡旋金。	契約無效。

仲介費怎麼算、什麼時候給、怎麼給才有保障？

目前房仲市場普遍以「買方付 1% 到 2%，賣方付 3% 到 4%」的規則來收費。由於仲介業務很多都沒有底薪，仲介費就是他們的收入來源，因此當然希望越快拿到錢越好，不過，還是可以跟仲介討論如何付款，預防遇到拿錢後不做事的爛咖。一般來說，給仲介費有兩種方式：

● **兩階段付款**：簽約完成付一半，交屋時付尾款。
● **四階段付款**：簽約完成付一成，用印付一成，完稅付一成，交屋時結清。

還有一種方式是透過履保專戶付款，也就是買賣雙方的金流

▶**圖表2-4　要約書的格式**

要約書

本要約書及其附件（房地產標的現況說明書、房地產權說明書及出售條款）於

中華民國　　年　　月　　日經買方攜回審閱　　月　　日。（契約審閱期間至少為三日）──注意應有 3 天的契約審閱期。

買方簽約：

之要約書人　　　　　（以下簡稱為買方）經由
　　公司仲介購買下列房屋及其基地持分，買方願依下列條件承購上開房地產，爰特立此要約書，並同意依下列條款簽立買賣契約書：

第一條　買賣標的

一、房屋坐落：

市（縣）　　　區（鄉、鎮、市）　　　路（街）　　段
巷　　弄　　號　　樓之　　。房屋面積共計　　平方
公尺（　　坪）。

包含：

（一）主建物面積計　　　　平方公尺（　　　坪）。

（二）附屬建物面積計　　　　平方公尺（　　　坪）。

（三）共同使用部分權利範圍，持分面積計　　　平方公
　　　尺（　　　坪）。

二、土地坐落：

縣（市）　　　　鄉（鎮、市）　　段　　小段　　地號等
筆土地，使用分區為都市計劃內　　區（或非都市土地使
用編定為　　區　　用地），權利範圍　　　　，持分面積共計
　　　平方公尺（　　　坪）。

三、車位標示

（一）車位屬性：

□ 法定停車位　　　　□ 機械式（升降式）停車位

本停車位屬 □ 自行增設停車位為地上（面、下）第　層
□ 平面式（坡道式）停車位，編號第　號車位。
□ 獎勵增設停車位

□ 其他（請說明）

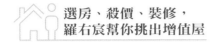
從頭到尾都存在銀行的履保專戶中，必須等雙方買賣完成，所有的程序都走完後，屋主才能拿到錢，房仲也會在這時候拿到仲介費，是能保障三方的機制。

無論你跟房仲約定好用哪一種方式付款，這些細節最好在付斡旋金或填寫要約書時加以註明，以免日後衍生其他糾紛。

▶圖表2-5　付仲介費有兩種方式

方式一：兩階段付款

方式二：四階段付款

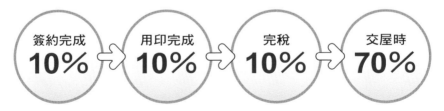

好的代書能幫你很多忙！
但六大細節務必親自確認

　　簽訂合約，就是先禮後兵，把雙方在交易過程中應該履行的義務和責任，用白紙黑字記錄。雖然，現在多半交給代書處理，不過，有六大細節最好親自確認，才能預防日後糾紛纏身。那麼，買方在簽訂不動產買賣契約時，應該注意哪些事項？

一、人和房子的身分都要弄清楚

　　身分證在房屋買賣的過程中，包含兩種層次的確認，一是買賣雙方人的確認，二是買賣標的「物」的身分確認。很多房屋買賣的糾紛，都是發生在非本人買賣，所以一旦發現屋主與賣方的身分不相符時，務必特別留意。簽約時除了核對身分證，確認雙方的身分外，若遇到非本人買賣，一定得請對方提供合法的授權書及委託文件。

　　確認完人之後，就要確認房子。即使你請專業的代書處理，除了確認產權證明外，也要核對最新土地謄本上的字號與權狀字號，以確認權狀的有效即時性及正確性，在買賣雙方簽約前，專業代書會重新調閱一個小時內的謄本資料再次核對，以防賣方在最後一刻拿權狀抵押，因而產生新的債務引起不必要的糾紛。

▶圖表2-6 確實核對身分以及標的物資訊

第十四條　契約及其相關附件效力
本契約自簽約日起生效，買賣雙方各執一份契約正本。
本契約廣告及相關附件視為本契約之一部分。

第十五條　未盡事宜之處置
本契約如有未盡事宜，依相關法令、習慣及平等互惠與誠實信用原
則公平解決之。
定型化契約條款如有疑義時，應為有利於消費者之解釋。

1.

立契約人（買方）：　　　　　　（簽章）
　國民身分證統一編號：
　地址：
　電話：
立契約人（賣方）：　　　　　　（簽章）
　國民身分證統一編號：
　地址：
　電話：

> 注意賣方是否為本
> 人，並核對身分證
> 資料是否一致。

地政士：（由買賣雙方勾選下列方式之一）
　□買賣雙方各自指定地政士
　　買方地政士：
　　賣方地政士：
　□買賣雙方協議之地政士：

不動產經紀業
　□買方委託之不動產經紀業
　□賣方委託之不動產經紀業
　□買賣雙方委託之不動產經紀業
　　名稱（公司或商號）
　　地址：
　　電話：
　　統一編號：
　　負責人：　　　　　　（簽章）
　　國民身分證統一編號：

不動產經紀人
　□買方委託之不動產經紀人：
　□賣方委託之不動產經紀人：
　□買賣雙方委託之不動產經紀人：
　　姓名：　　　　　　（簽章）
　　電話：
　　地址：
　　國民身分證統一編號：
　　證書字號：
中華民國　　　年　　　月　　　日

確認資料是否與土地建物謄本一致。

立契約書人　　　　　　　茲為下列成屋買賣事宜，雙方同意簽訂本契約，協議條款如下

2.

第一條　買賣標的

成屋標示及權利範圍：已登記者應以登記簿登載之面積為準。

一、土地標示：

土地坐落　　縣（市）　　鄉（鎮、市、區）　　段　　小段　　地號等　　筆土地、面積　　平方公尺（　　坪），權利範圍　　，使用分區為都市計畫　　區（或非都市土地使用編定為　　區　　用地）。

二、建物標示：

（一）建號　　

（二）門牌　　鄉（鎮、市、區）　　街（路）　　段　　巷　　弄　　號　　樓。

（三）建物坐落　　段　　小段　　地號，面積　　層　　平方公尺　　層　　平方公尺　　層　　平方公尺其他　　平方公尺共計　　平方公尺，權利範圍　　，用途　　。

（四）附屬建物用途　　面積　　平方公尺。

（五）共有部分建號　　，共有持分面積　　平方公尺，權利範圍　　。

三、本買賣停車位（如無則免填）為：

（一）□法定停車位□自行增設停車位　□獎勵增設停車位　□其他　　。

（二）地上（下）第　　層口平面式停車位口機械式停車位，總停車位　　個。

（三）□有獨立權狀面積　　平方公尺（　　坪）　□無獨立權狀，編號第　　號車位　　個。（如附固所示或登記簿記載）

本買賣範圍包括共有部分之持分面積在內，房屋現況除水電、門窗等固定設備外，買賣雙方應於建物現況確認書互為確認（附件一），賣方於交屋時應維持原狀點交，但點交時另有協議者，從其協議。

3.

附件三

以第三人為登記名義人聲明書

買方　　向賣方　　購買座落　　縣（市）　　鄉（鎮、市、區）　　段　　小段　　地號等　　筆土地，及其地上建物　　建號，茲指定（國民身分證統一編號　　）為登記名義人，登記名義人口同意口不同意與本契約買方所應負之債務負連帶給付責任。

買　　　方：　　　　　　（簽章）

登記名義人：　　　　　　（簽章）

簽章日期：　　年　　月　　日

若賣方非屋主，務必核對此欄資料，並要求提供合法的委託書。

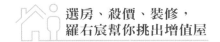

在核對時務必注意，買賣契約的內容都要核對土地建物謄本，而非對權狀，權狀只是賣方出示的憑證。另外還要注意合約內容未記載，但賣方須主動告知的使用分區狀況。一般來說，使用分區並不影響住戶權益，但會影響物件本身的價格，因為建商的土利取得成本不同，所以同一地段但使用分區不同，價格就會有差。

確實核對身分證上人名與合約上人名一致，住宅基本資料是否與謄本相符。若由第三人代售，務必確認其身分及要求提供委託交易證明書。

二、合約上註明產權不清，得追究

確認產權時，要看「標的物標示、產權移轉、擔保責任、房地移交」等相關條文內容。須注意事項整理如圖表 2-7。

三、支付斡旋金前詳閱合約內容

過去價金支付過程最容易出現的爭議有：買方延遲付款、買賣雙方其中一方反悔取消交易、契約審閱期爭議、訂金及斡旋金返還問題等。

一般來說，仲介經手買賣的斡旋金，簽約後會轉為訂金，因此，付斡旋金前務必確認相關合約內容，一旦賣方接受買方同意的合約內容，則視同買賣雙方都同意合約內容，交易即成立，即使是口頭承諾，也等同合約簽字用印的效力，若反悔就必須付違約金。

▶圖表2-7　產權標示，簽約前務必確認

	項目	容易引起的糾紛	注意與處理方式
標的物標示	停車場產權	● 樓門外車位無產權。 ● 特殊使用權標註，如共同使用、限期抽籤等。 ● 車位屬性與空間不符。	可要求於成交價中扣除停車位附加價值，或視使用權情況議價。此外，車位在合約上僅標出標號，簽約前務必確實開車去停看看，並注意停車場出入口的高度。
	二次施工產	● 頂樓加蓋。 ● 陽台外推。 ● 地下室。 ● 室內夾層（樓中樓）。	請買方出示移交相關的「使用證明書」或「住戶公約同意書」等，確認相關使用權。
產權移轉、擔保責任、房地移交	產權不清	● 一屋二賣。 ● 增建或加蓋物產權。 ● 凶宅。 ● 公設用地被徵收。 ● 預售屋產權坪數不符。	簽合約之前，再次核對相關謄本及證明文件，並在合約中的違約事項註明，發生左列事項致使產權不明或發生爭議，可以無條件解約。
	設定質權與抵押權	● 賣方新增債務。	除了依最新謄本資料核對房屋抵押狀況外，針對賣方信用狀況（如信用卡欠債或其他連帶保證的擔保狀況），請承辦貸款的銀行進行徵信確認。在付尾款交屋前，務必確認清楚房屋的產權狀況，以及賣方抵押狀況才能撥款。

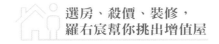
專業的代書多半會在一個月內，跑完所有房屋買賣流程，降低後續付款的糾紛及風險。其中買方要注意一個細節，賣方的債務最好不超過房屋成交價的七成，避免影響自己的貸款成數。

四、從標的物現狀說明書評估風險

為了避免買到海砂屋、輻射屋、違建等麻煩的標的物，一定要確認合約上「產權移轉、擔保責任、違約責任」這幾個部分。通常仲介公司提供的不動產賣契約書，附件大都包含「標的物現狀說明書」，其中會明確請賣方事先告知，關於買賣標的相關重大施工瑕疵，以及補救施工說明，讓買方評估風險。所以簽約前，務必詳閱標的物現狀說明書，完整掌握房屋的狀況（見第172頁圖表2-9）。

五、透過仲介買房，多數有半年水電保固

很多成屋、中古屋都會遇到漏水問題，這部分除了要標示在標的物現狀說明書上，多數連鎖不動產經紀公司會提供房屋保固條款，以保障買方的購屋權益。一般是提供半年到一年不等的保固期間，在期間內若發現漏水、滲水、管線阻塞等問題，工程款超過1萬元以上，仲介則會視工程項目做限額賠償。

六、附贈家具？條約上要註明清楚

很多中古屋和成屋的賣方都會附贈家具，但也曾發生過賣方將家具的費用，偷偷加在成交價之中，因而產生糾紛。現在很多房仲在簽約時，會另外附一張「賣方願贈予買方的設備及家具清單」，同時在合約內詳列相關費用支出，以降低日後發生糾紛的機會。若對方沒有提供建議你可以提出要求，將當初口頭約定贈與之內容列在合約中（見第174頁圖表2-10）。

▶圖表2-8　如何付款、付多少？合約都要寫清楚

立契約書人　　　　　　　茲為下列成屋買賣事宜，雙方同意簽訂本契約，協議條款如下

第一條　買賣標的
成屋標示及權利範圍：已登記者應以登記簿登載之面積為準。
一、土地標示：
土地坐落　　縣（市）　　鄉（鎮、市、區）　　段　小段　地號等　　筆土地、面積
　　平方公尺（　　坪），權利範圍　　，使用分區為都市計畫　　區（或非都市土地使
用編定為　區　用地）。
二、建物標示：
　（一）建號
　（二）門牌　　鄉（鎮、市、區）　　街（路）　段　巷　弄　號　樓。
　（三）建物坐落　段　小段　地號，面積　層　平方公尺　層　平方公尺
　　　　層　平方公尺其他　平方公尺共計　平方公尺，權利範圍　　，用途　　。
　（四）附屬建物用途　　面積　平方公尺。
　（五）共有部分建號　　，共有持分面積　平方公尺，權利範圍　　。
三、本買賣停車位（如無則免填）為：
　（一）□法定停車位□自行增設停車位　□獎勵增設停車位　□其他　　。
　（二）地上（下）第　　層□平面式停車位□機械式停車位，總停車位　個。
　（三）□有獨立權狀面積　平方公尺（　坪）□無獨立權狀，編號第　號車位
　　　　個。（如附固所示或登記簿記載）
　　　　本買賣範圍包括共有部分之持分面積在內，房屋現況除水電、門窗等固定設備
外，買賣雙方應於建物現況確認書互為確認（附件一），賣方於交屋時應維持原狀點
交，但點交時另有協議者，從其協議。
第二條　買賣價款
本買賣總價款為新臺幣　　整
一、土地價款：新臺幣　　元整
二、建物價款：新臺幣　　元整
三、車位總價款：新臺幣　　元整
第三條　付款約定
買方應支付之各期價款，雙方同意依下列約定，於　　（地址：　　），交付賣方
一、簽約款，新臺幣　　元，於簽訂本契約同時支付（本款項包括已收定金　
元）。
二、備證款，新臺幣　　元，於　　年　　月　　日，賣方備齊所有權移轉登記應備
文件同時支付。
三、完稅款，新臺幣　　元，於土地增值稅、契稅稅單核下後，經　　通知日起　
日內支付；同時雙方應依約繳清稅款。
四、交屋款，新臺幣　　元
□無貸款者，於辦妥所有權移轉登記後，經　　通知日起　　日內支付；同時
點交本買賣標的。
□有貸款者，依第五條及第六條約定。
賣方收取前項價款時，應開立收訖價款之證明交買方收執。

171

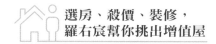
▶圖表2-9　產權標示，注意合約上這些部分

建物現況確認書

項次	內容	備註說明
1	□是□否有包括未登記之改建、增建、加建、違建部分： □壹樓＿平方公尺□＿樓＿平方公尺 □頂樓＿平方公尺□其他＿平方公尺	若為違建（未依法申請增、加建之建物），賣方應確實加以說明使買方得以充分認知此範圍隨時有被拆除之虞或其他危險。
2	建物現況格局為＿房＿廳＿衛 □無隔間 建物型態：＿。	建物現況格局以交易當時實際之現況格局為準。 建物形態依建物型態分為公寓（五樓含以下無電梯）、透天厝、店面（店鋪）、辦公商業大樓、住宅大樓（十一層含以上有電梯）、華廈（十層含以下有電梯）、套房（一房、一廳、一衛）、工廠、廠辦、農舍、倉庫、其他等型態。
3	車位情況為□地上□地面第＿層□地下 □平面式□機械式車位□其他（　　） 編號：＿號□有□無獨立權狀 □是□否檢附分管協議及圖說	有關車位之使用方式，依本契約第九條第三項規定。 所稱機械式係指有上下車位，須以機械移動進出者。
4	□是□否有滲漏水之情形，滲漏水處： ＿。 若有滲漏水處，買賣雙方同意： □賣方修繕後交屋。□以現況交屋：□減價□買方自行修繕□其他＿。	
5	□是□否曾經做過輻射屋檢測？ 若有，請檢附檢測證明文件。 檢測結果是否有輻射異常？□是□否 □賣方修繕後交屋。□以現況交屋：□減價□買方自行修繕□其他＿。	民國七十一年至七十三年領得使用執照之建築物，應特別留意檢測。如欲進行改善，應向行政院原子能委員會洽詢技術協助。
6	□是□否曾經做過混凝土中水溶性氯離子含量檢測（例如海砂屋檢測事項） 檢測結果：＿。	一、八十四年六月三十日（含）以前已建築完成之建築物，參照八十三年七月二十二日修訂公布之 CNS 3090 檢測標準，混凝土中最大水溶性氯離子含量（依水溶法）容許值為 0.6kg/m3。八十四年七月一日（含）以後之建築物，混凝土中最大水溶性氯離子含量（依水溶法）容許值為 0.3kg/m3。 二、八十四年七月一日（含）以後依建築法規申報施工勘驗之建築物，混凝土中最大水溶性氯離子含量參照 CNS 3090 檢測標準，容許值含量為 0.3kg/m3，檢測資料可向建築主管機關申請。
7	本建物（專有部分）是否曾發生兇殺、自殺或一氧化碳中毒致死之情事： （1）於產權持有期間□是□否曾發生上列情事。	

7	（2）於產權持有前，賣方 □確認無上列情事。 □知道曾發生上列情事。 □不知道曾否發生上列情事。	
8	□是□否有消防設施 若有，項目：（1）＿＿（2）＿＿（3）＿＿。	
9	自來水及排水系統經雙方當場檢驗□是□否正常，若不正常，由□買方□賣方負責維修。	
10	現況□是□否有出租或被他人占用之情形，若有，則 □賣方應於交屋前　□終止租約　□拆除 □排除 □以現況交屋 □買賣雙方另有協議＿＿。	
11	現況□是□否有承租或占用他人土地之情形，若有，則 □賣方應於交屋前□終止租約　□拆除 □排除 □以現況交屋 □買賣雙方另有協議＿＿。	
12	□是□否為直轄市、縣（市）政府列管之山坡地住宅社區。 建築主管機關□有□無提供評估建議資料。	所有權人或其受託人可向縣市政府建築主管機關申請相關評估建議資料。
13	□是□否約定專用部分□有（詳見規約） □無	
14	□是□否有規約；□有□無檢附規約。	檢附住戶規
15	□是□否有管理委員會統一管理 若有，管理費為□月繳＿＿元□季繳＿＿元 □年繳＿＿元□其他＿＿。 □有□無積欠管理費；若有，新臺幣＿＿元。	
16	下列附屬設備 □計入建物價款中。隨同建物移轉 □不計入建物價款中，由賣方無償贈與買方 □不計入建物價款中，由賣方搬離 □冷氣＿＿台□沙發＿＿組□床頭＿＿件 □熱水器＿＿台□窗簾＿＿組□燈飾＿＿件 □梳妝台＿＿件□排油煙機□流理台 □瓦斯爐□天然瓦斯（買方負擔錶租保證金費用）□電話：＿＿具（買方負擔過戶費及保證金）□其他＿＿。	

賣方：＿＿＿＿＿＿＿（簽章）

買方：＿＿＿＿＿＿＿（簽章）

簽章日期：＿＿年＿＿月＿＿日

▶圖表2-10　一般仲介通常會提供水電保固服務

漏水保固書

一、費用金額在新台幣 1 萬元以下者，由買方自行負擔。

二、費用金額超過新台幣 1 萬元者，依下表項目之限額由加盟店
　　負擔，其餘由買方自行負擔，但買方應負擔至少新台幣 1 萬
　　元。

負擔項目	負擔限額
屋頂外牆滲漏水部分	NT$25,000
冷熱水管滲漏水部分	NT$25,000
室內排水管線滲漏部分	NT$25,000
室內地面牆壁滲漏水部分	NT$25,000

三、範例：

● 如費用為新台幣 7,000 元，全部由買方負擔。

● 如費用為新台幣 1 萬 2,000 元，其中 1 萬元由買方負擔，2,000
　元由加盟店負擔。

● 如費用為新台幣 11 萬元，其中外牆漏水部分 2 萬元由加盟店負
　擔；熱水管部分 45,000 元由加盟店負擔 2 萬 5,000元，買方負擔
　2 萬元；室內排水管部分 3 萬 5,000 元由加盟店負擔 2 萬 5,000
　元，買方負擔 1 萬元；室內牆壁部分 10,000 元由加盟店負擔。
　總計加盟店負擔 8 萬元，買方負擔 3 萬元。

● 加盟店所負擔之工程費用，僅限於由加盟店指定之施工單位
　者，凡由買方自行修護，或委託其他公司施工者，加盟店概不
　負擔任何費用。

購屋知識補給站

● **契約審閱期**：為避免合約糾紛，法律規定購屋者可保留 30 天的
合約審閱期，但實務上仲介經手的案件只會保留三天，並且會
在收付斡旋金前，先與委託人簽訂一般委託銷售同意書，確認
委託人已詳閱合約內容達一定天數，爾後收取約買賣總價 2%
的斡旋金，買賣成立後斡旋金轉為簽約訂金，避免返還斡旋金
時產生糾紛。

● **履約保證機制**：是在買賣雙方同意的前提下，委請銀行出面擔
保產權及價金安全，並透過如銀行或建經公司等公正的第三
者，為雙方做好資金保管及流程控管。　銀行會發放保證書給
雙方，更有效保障買賣雙方價金與產權的安全。辦理履約保證
時，買賣雙方只須準備一般買賣過戶的相關文件。而其中的買
賣價金則存入銀行專戶中保管。

第三章

用總價的 20%
換十倍增值空間：
修繕裝潢一定要
知道的事

第一節

為什麼要裝潢？

　　不管你買的是預售屋、新成屋或中古屋，為了居住品質以及提高周轉率，勢必得做裝潢或進行修繕。我曾經手一個案子，是屋齡 20 年的中古電梯華廈，開價 500 萬，放了半年都沒有人買，後來經過整理修繕，不到兩個月就以 750 萬元成交。

　　民國 102 年，我在中壢市忠孝路巷子裡，看到一間屋況非常差的中古電梯華廈，這間房的屋齡 20 年，權狀坪數 45 坪，室內坪數近 30 坪。照理說這種房型應該很搶手，但由於前屋主把原本寬敞的格局改成 2 房 1 衛，導致室內空間無法有效利用，加上廁所還是在房子正中間的怪格局，讓這案子賣了半年還賣不出去。不過，這個標的本身格局還算方正，採光通風都不錯。於是，我就把以上的缺點，當作跟屋主議價的籌碼，以低於市價行情約八折，即 500 萬元買下這間房。

　　接手之後我先解決漏水、壁癌等基本問題，然後把原有的格局全部打掉，請設計師重新規劃格局，讓這間房子的使用空間變得更寬敞。再加上我之前接觸過不少租客，發現多數人很重視居住空間的氣氛，於是我又用自己的巧思，與設計師溝通，加入了較溫暖的設計，營造出舒適、溫馨的居家空間。

　　我大概花了三個月重新整理這間房子，裝潢修繕的費用大約 100 萬元，結果不到兩個月，這間房子就以 750 萬成交了。

▶圖表3-1 主動創造增值空間，立刻賺到百萬獲利

[1] 先解決漏水、壁癌等基本問題。
[2] 請設計師來重新規劃室內格局與動線。
[3] 把所有格局打掉重做。
[4] 搭配溫暖、舒適的設計，營造居家氣氛。

1	2
3	4

這個案子一開始時，我保守估計需準備的現金為：

100 萬（自備款）＋5 萬（代書費及相關稅費）＋100 萬（裝潢成本）＋10 萬（仲介費）＋24 萬（預抓繳交一年的貸款）＝239 萬元

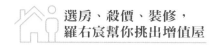
出乎我意料之外，不到兩個月就將這間房子以 750 萬賣出，扣掉仲介費 30 萬，實拿金額約為 720 萬。這個物件幫我帶來的實際獲利約為：

> 720 萬（房屋賣出的實際收入）－100 萬（裝潢成本）－500 萬（買入成本）－10 萬（買入時的仲介費）－5 萬（買入時的代書費及相關稅費）＝105 萬元

值得注意的是，現在因為實價登錄與房地合一上路，要在短時間內以超高額利潤賣出的機會不大（因持有未滿一年的稅率太高），但放太長的話，利潤又會被貸款的利息吃掉，所以獲利的決定性因素，就在於是否能控制買入的成本（低於市價八折到九折），才有機會製造出理想的增值空間。

兩個關鍵，讓你擁有
設計精準、準時完工且符合預算的裝潢

不過，經常聽到有人好不容易買到一間房，卻因為裝潢和修繕問題弄得一肚子火，不是工程款不斷追加、工期延誤，就是遇到施工不良的工班。

曾有新聞報導過，有一位屋主剛買到新房子，花百萬請連鎖公司設計裝潢新家，但是動工一個月到現場一看，磁磚品牌從本來說好的高檔品牌換成平價的，而且還縮小了，原本的設計圖是廚房三合一鋁門外推，結果被做成內推。如此一來，工程期無限

延長不說，新房子也沒辦法入住，還得在外面租房子。

其實，造成這些問題的核心，就在於與設計師或師傅之間溝通不良，還有未確實監工。為了避免遇到相同的狀況，建議在找人裝潢之前先掌握兩大重點，一樣可以獲得設計精準、準時完工且不超過預算的亮麗裝潢。

一、了解家人的需求

裝潢的重點，務必從實用出發。很多人一想到裝潢，就先想到：「我的房間要用地中海風格，陽台最好混搭峇厘島風……」，比起這類的美感訴求，更應該從每個入住的人的方便性去規劃。

因此，建議在和設計師溝通前，先確認家庭成員的需求或有什麼偏好，尤其三代同堂的家庭，更要考慮到小孩與老人的安全性，以及裝潢的階段機能轉換，才能讓裝潢發揮最大的價值。

最忌諱的就是先想好風格，然後工程進行時才開始邊想邊追加，一來很容易與設計師在意見上發生衝突，二來不斷追加，也會影響工程完成的時間，更會使預算抬高，所以在動工前務必想清楚所有細節，也能為自己省錢省時。

二、和設計師溝通，務必用圖說

剛買房子對自己未來的家一定充滿想像，但裝潢這件事還是會受限於屋齡。一般來說，屋齡在三年以內的預售屋及新成屋，建議不要大動格局，以居住的方便性與設計風格為主要考量，所以在看屋時，務必挑選自己滿意的格局。

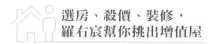
▶圖表3-2　裝潢需求表

一、家庭成員

- 大人 _____ 位
- 長輩 _____ 位
- 小孩 _____ 位　　　　　共 _____ 人

二、特殊需求

□防滑處理、□加強隔音、□防撞設計、
□多一點收納空間、□室內光線調整設計、
□特殊高度要求、□特別材質要求（木質、海綿等）、
□其他

三、特殊偏好

- 色系：□白色、□淺色木質、□深色木質、□特殊色系
- 採光：□明亮、□暗沉
- 材質：□木質、□玻璃、□金屬、□布、□壓克力、
　　　　□其他
- 燈具：□白熾燈（明亮）、□太陽光（溫暖）、
　　　　□LED 燈（省電）
- 風格：□日式禪風、□峇里島風、□巴洛克風、
　　　　□中國風、□南法鄉村風格、□簡約奢華風
- 其他： _____

四、特殊擺設

□照片、□紀念品、□獎盃、□神桌、□講究風水、
□其他

如果屋齡超過五年以上，可以考慮做局部改裝，若是超過十年以上的房子，就得特別注意看不見的地方，比方說管線是否堪用、電線是否需要換新等，建議買超過十年以上的房子，電線最好都要重新換過，避免因線路老舊而引起電線走火等意外。

至於屋齡超過二十年以上的房子，最好可以全面翻修，不過這麼一來成本也會翻倍，所以在看房子時，務必把裝潢及修繕的費用算進去。

另外，與設計師或師傅溝通時，一定要搭配圖，就算畫得再抽象，都比口頭描述讓對方想像來得確實。此外，當設計師拿藍圖給你確認並達成共識，務必簽立合約以便監控進度和控制預算，當然，建議在設計之前要看過設計師的實際作品，以免設計出來的風格與你的喜好落差太大，日後引發糾紛。

現在很多人為了要求設計精確，會請設計師提供 3D 設計圖，這麼做的好處是，一般手繪設計圖若不夠精確，經常造成預算追加及工程延誤。不過這並不是免費的服務，若要求設計師提供 3D 設計圖，通常要另收每坪 3,000 元不等的製圖費，或是設計費。

▶圖表3-3　和設計師溝通，務必用圖表示

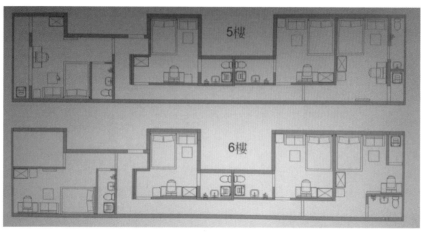

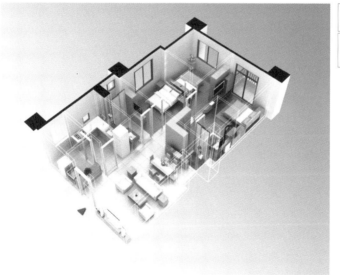

[1] 設計師通常會透過平面設計圖溝通如何裝潢。
[2] 3D 設計圖能幫助你更精準掌握空間擺設，須額外付費。

第二節

預算抓多少？工程期怎麼算？

一般來說，新成屋平均每坪 6 萬到 8 萬，或房屋總價 10% 到 20%，中古屋每坪 8 萬到 10 萬（較新成屋裝修費用多了 25% 到 40%），都算是合理的修繕費用。

▶圖表3-4　三種產品的裝潢預算合理估價方式

類型	每坪裝潢價格	注意事項
預售屋	3 萬到 4 萬元	可配合建商「客變期」（預售屋客戶變更設計期）事先更改格局，節省預算。
新成屋	6 萬到 8 萬元	建議不要修改大格局，所以看房時應該以自己滿意的格局為優先，否則改動格局的成本，會比預售屋高很多。
中古屋	8 萬到 10 萬元	房價相對低，但整理成本高，含水電管線維修及格局變動。若是連裝潢一起買的中古屋，建議合約上加註，裝潢設備至少有一年保固。

通常，每個工程的報價會視整體預算的價格而有所調整，以下我以 20 坪的中古屋、修繕費用預算 200 萬元為例，依照各工程工種，粗估合理的工程費。

● **拆除工程**：若是中古屋的隔間牆需打除、地壁磚需敲除、廚房及衛浴設備需汰舊換新，每坪的拆除工程費用是 2,000 元到 3,000 元，拆除總費用介於 4 萬到 6 萬之間。但價格有高有低，通常設計師會帶屋主到磁磚店選購磁磚（又分為國產及進口的），要注意的是，這價錢不含在拆除工程內。

● **防水工程(水泥沙漿粉刷）**：粗估為一整個工程預算或工程款的 10% 到 20%，總預算 200 萬元的話，防水工程費用即為 20 萬到 40 萬。

● **水電工程**：水電是很多設計公司和屋主，較不清楚該如何估價的項目，如果是新成屋，水電工程大概做到插座出口而已。因為櫃子、床位、電視櫃等，可能和原設計公司或屋主的模式不同，若是重新規劃，則都要移位。

燈具開關有可能需要新增，也可能本來是一切，但新的空間規劃需要多個一切或二切，這都可能增加電工項目的費用。另外，電視、電話、網路等弱電出口的費用，打牆埋管都需將線路預留在裡面，這些都是新房子可能會遇到的水電項目費用。通常為每坪約 2,500 元到 4,000 元，需視施做的難易度而定，約占工程款的 5% 到 10%，以此案為例，大約是 5 萬到 8 萬。

若是中古屋，水電工程費用就比較高，因為水路管線除了打除外還要重配，電路可能需從總開關處全部更新，甚至總開關的電源，都要從甲級電箱去申請讓容量變大，所以花費也變高，每坪約 4,000 元到 6,000 元，以此案來說約需 8 萬到 12 萬的水電工程費。

● **空調估價**：一般設計公司大概使用日立、大金等大品牌，每坪約 4,000 元到 6,000 元，約占總工程款 10% 到 20%，大約 20 萬到 40 萬，就能搞定。

● **燈具工程**：以現在的趨勢而言，設計公司大都是使用 T5 的日光燈，作為天花板的間接燈光、層板燈、有背牆造型板的洗牆燈、省電崁燈（螺旋燈管）等，這類屬於漫射光源，就是按下開關後即讓空間均亮，通常使用於不需要很有氣氛的空間，例如：浴室、廚房、陽台、小朋友的書桌等。一般小朋友的書桌會裝設漫射光源，主要是預防小朋友近視，如果使用很有氣氛的光源，在環境上照明度會相差太大，看某一個地方很亮，但抬頭休息時又變暗，瞳孔縮放容易近視。

另外，LED 燈也常被使用在該亮的地方亮、該暗的地方暗的區域，明亮有別時就會塑造整個環境的氣氛，很適合放在客餐廳或開放型的書房，例如設計在餐廳或客廳旁的書房。如果是使用這些燈種，每坪約 1,000 元到 1,500 元，需花費 4 萬到 6 萬。但這報價不含主燈，主燈有可能是 10 萬到 20 萬，視個人挑選的產品而定。

● **木作工程**：木作是屬於櫃體工程，櫃體天花板、木作地板門片等都是屬於木工，這些將占總工程款 30% 到 40%，比重會較高，可能會高達 60 到 90 萬，是所有裝潢中最花錢的部分。

● **塗裝不僅是油漆**：塗裝是櫃體做好後要噴漆，天花板做好後要面漆，不想要全白的牆壁時需要色漆，讓空間有層次氛圍。若要做批土、填縫等細膩的工程，則又是另一筆費用。每坪約

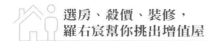

4,000 元到 5,000 元，假如整間房都要施工，則會占到總工程款 5% 到 10%，大約是 16 到 20 萬。若報價高於這個價錢，可能是設計師用的材料比較好，但若是低於這價錢，就有可能是使用劣質油漆，要特別注意。

● **廚具**：因進口品牌價格有高有低，動輒上百萬，比較沒有標準。若以國產品來說，大約占工程款 10% 到 20%，也就是控制在 20 萬到 40 萬就可以做得非常好。

● **石材**：在居家中可能會做一些大理石的點綴，比較常見的是檯面、地板、主牆面的石材，如果是用在這些地方，約占工程款項 5% 到 10%，大概是 10 萬到 20 萬。

● **玻璃工程**：玻璃工程是最後進場的工程，屋內的隔間、鏡面的造型入口、裝飾用材、屏風造景都有可能使用到玻璃，約占工程款項 3% 到 5%，大概是 6 萬到 10 萬。

● **軟件工程**：窗簾預估占工程款的 5% 到 10%。而壁布、壁紙，大約是使用在床頭、壁板等局部點綴，比例約為總預算的 3% 到 8%，如果高達 8%，應該是使用進口品牌了。

● **雜項**：最常見的清潔工程，每坪 300 到 500 元。若是需要常常拉抽屜，可以使用較好的五金配件，大概每坪再增加 500 元到 1,000 元。另外，政府這幾年一直推廣的室內裝修審查，規費是 5,000 元，但還需另付圖說文件作業費用（送審作圖費用、簽證費用）等約 5 萬元。

以上所談的都是中間值，豪宅可能更高、輕裝修可能較低。

雖然這些並不是標準值，但也可以拿來做比較的基準，若高於或低於這個價格，建議仔細問設計師，一方面可以確保工程的品質，也能少花點冤枉錢。

購屋知識補給站

● 室內裝修審查：

營建署規定，民眾於公眾使用建築物、六層樓以上的集合住宅，進行室內裝修時，須向縣市建築管理處（建管處）申請「室內裝修施工許可證」，以確保施工與居住安全，費用約 4 萬到 10 萬元。

目前室內裝修施工許可須透過有照建築師代為申請、簽核，另須有照室內設計師與消防設備師簽核，送建築師公會審查通過方能生效。收費視案件複雜度以建築師開價為準。目前建管處未訂定收費標準，而是委由各地建築師公會辦理。

工期安排分為三階段

一般來說，工程期通常為一個月到兩個月的時間，但如果需要大幅度的更動格局，或全面更換地磚牆壁等泥作工程，或工班的行程很滿，也可能拖到半年左右。像我第二間房子「內壢二號」，把裡面的隔間全部打掉重新設計，就花了三個月的時間整理才大功告成。

實際上，工程期的長短必須視內容的難易度而定，很難有一個確切的時間。以下提供一個簡易的工程安排時間供參考。

正常來說，工期會依照所有工種依序進入（包含進料等），且不包含假日。以一套完整的裝修來說，油漆工期是最費時的，而且不能太趕。合理的狀況下，一般 30 坪到 40 坪的住宅，需要的修繕工期可以抓 45 天左右，若為 60 坪以上的多房型則需多用六到七天。如果是小套房則大概 40 天就能完成，不過還是要看天候和施工的複雜程度而定。

而**房屋裝修過程可分為三個階段：前期、中期和後期。裝修前期的工作主要是室內設計**，從確定定案到圖面完成，需 10 天到 15 天。在這段時間裡，還要與設計師確認裝修用的主要材料，尤其是鋪面、木皮和系統櫃。

因為櫥櫃一般都是訂製的，需要 15 天到 35 天才能完成。專業櫥櫃設計師還會根據實際情況設計，並事先確定水電路的位置，以便開工後及時進行水電改造。若有動到地坪，由於泥作、磁磚在施工時會先用到的，所以在裝修前期，一定要先選好櫥櫃和磁磚。

裝修中期主要是施工期。開工後，水電工和木工先進場施工。水電路改造需要四天到一星期的時間，木工做天花板、背景牆、現場製作櫃子等，則需要 15 天左右。

第 20 天左右，木工完成工作，油工開始進場，進行牆體填縫補平、木作和牆面的刷漆等工作，要持續到裝修完工前兩三天。水電路則會在其後七天內改造完成，接著開始進行泥作並進場鋪磁磚。一般施工會先鋪廚房和廁所，最後再鋪公共部分，整個過程持續到第 30 天左右。

　　以上施工完成後，**剩下的就是裝修的後期工程**，這時候離裝修完工還剩兩三天的時間，木工回來安裝窗簾桿、五金掛件等收尾工程。地板、門、櫥櫃等也開始陸續安裝，水電還須完成燈具安裝、開關插座確認等事項，最後進行清潔進場，做完整的細清作業。

　　如果有增加比較特別的施工方式，或是額外的工種，還需調配時間進入，避免裝潢與修繕工班在作業上撞在一起，若客戶又要求更改設計，工期也會有所影響。

　　最後，裝修時有三點要特別留意：

　　一、裝潢款項應按部就班的給，按照時間進度表做到哪就給到哪，絕對不要一次給完所有工程款項。

　　二、通常要預抓 5% 到 10% 的工程超支款項，就我的經驗很多東西會一直追加，很容易就超出原本設定的預算。

　　三、不要以價格為主要導向，一分錢一分貨，要找負責任與有口碑的設計師或是工班，工程服務與保固服務一定要做好。

▶ 圖表3-5　簡易的工程期計算（以 45 天為例）

開工前 20 天

選定裝修公司做設計定方案，提出裝修內容和要求。接著實地測量有關資料、繪製詳細圖紙，並與設計師確定最終方案。

開工前 10 天

詳閱預算簽合約。這時要確定所有使用的材料，同時針對設計師提出的設計圖圖面一同審查，再次確認預算，簽定裝修合約。（務必確認設計公司名稱、負責人、公司統一編號，裝潢負責人若非公司負責人，要另外加註經辦人，並確認設計公司登記地址，是否為合約上的地址。）

開工前 2 天

做進場前準備，以及基礎保護工程的前置作業；與需要的業務部門聯繫，完成必要的手續，並通知左右鄰居；門窗材料及輔助材料進場；將鑰匙交給施工方。

工程第 1 到 2 天

敲牆體改結構、清運廢棄物（如：不要的家具、裝潢）。

工程第 5 到 10 天

安裝水管電路、管線材料處理驗收、隱蔽工程驗收。

工程第 10 到 20 天

鋪磁磚做牆面、泥作工程驗收、驗收牆面材料（如：牆面漆、磁磚等）。

工程第 20 到 30 天

木作進行中、油漆材料進場驗收、木工驗收，粗清。

工程第 30 到 40 天

油漆進場施作、衛浴產品到場安裝驗收、買回電器並安裝、衛浴產品到場安裝驗收。

工程第 40 到 43 天

鋪地板做廚衛裝設備、燈具安裝，地板材料驗收，櫥櫃到場安裝驗收。

工程第 44 天

簡約與客戶驗收，整體工程收尾；清潔入場，整理整體空間。

工程第 45 天

二次驗屋，並結算追加款項、付清所有費用。

結案

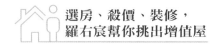
第三節
監工的眉角

　　有很多朋友問我：「右宸，找裝潢師傅有什麼要特別注意的嗎？而且，像你這麼年輕，是透過什麼管道，找負責任又划算的工班？」其實，一開始我也覺得，裝潢修繕真的是另外一塊專業領域，完全摸不著頭緒。直到我改裝一百多間房後，才稍微了解其中的眉角。

　　我就曾有過一次慘痛的經驗，民國 100 年我買下第一間房子元智二號，準備要裝潢時，那時一開始的鐵窗拆除及安裝過程，居然是我自己直接去路邊找店家來做。

　　那間房總共有三面陽台需要架設三個大面鐵窗，因為在公寓五樓，需要大台吊車吊掛，所需費用總共 10 萬元整。由於我當時沒有什麼經驗，又看師傅長得很老實，就連同拆除安裝，一次直接先給 8 萬元。

　　一開始安裝第一個鐵窗時，沒有什麼問題，但安裝完第二個鐵窗後，師傅就人間蒸發了。怎麼打電話都找不到人，連店門都關了。之後才聽其他同行師傅說，他因為欠地下錢莊債務，全家連夜搬走了。

　　雖然損失不多，之後也找其他師傅銜接上，沒有耽誤到工程期，但也因此學了一次經驗。後來我在簽約時，會特別注意付款日期及連帶保證人的部分，也會詢問同行承作師傅的風評。

　　了解監工的重點前，首先要知道**裝潢工程又分成三種**：

　　一、獨立發包：通常所有專門細項的師傅，都要自己一個一個去連絡，剛接觸時會非常累，因為需要連絡溝通的人非常多，像是比較大項的有水電師傅、泥作師傅、木作師傅、油漆師傅，剛開始配合時，必須花很多時間親自監工，也不太能確定師傅有沒有偷工減料，雖然較便宜划算，但不建議初學者用。

　　二、監工統包：簡單來說，就是找一個工頭幫你監工，統包所有的工程。工頭不會額外收監工費，他的費用是含在工程費用裡，大約是工程款項的 10% 到 15%。工頭都會有班底工人，以及長期配合的師傅，溝通協調上你只要對一位工頭就好，不需要費太多精神，合約上也是由工頭負責。

　　三、設計監工：簡單說就是工頭的角色變成了設計師。設計師不但幫你監工還要畫設計圖，提供你客製化的室內風格建議，與使用素材的想法。市場上的設計費行情非常亂，設計費占總工程款的 10% 到 40% 的都有聽過。就看設計師夠不夠有名，越知名的越貴。有些知名設計公司會有自己的工班，不過有的給工班的價格壓很低，卻要求高品質，所以也聽過許多糾紛，建議還是找合法有執照的業者，會比較有保障。

　　我剛起步時，我用的方法是直接找監工統包，這麼做的好處是，我只要對一位溝通，是比較有效率的做法。加上我只要跟工班關係處得好，還可以學到很多裝修上的眉角。因為統包工頭要抓緊工程時間，還要懂每個工種的監工細節與檢查重點，所以一開始我的作法是，先上網搜尋全中壢市所有的工程行電話號碼與

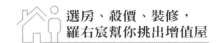
▶圖表3-6　裝潢工程又分成三種發包方式

項目	獨立發包	監工統包	設計監工
特色	通常所有專門細項的師傅，都要自己一個一個去連絡。	就是找一個工頭幫你監工，統包所有的工程。	從設計到監工都由設計師負責。
優點	價格較便宜。	通常工頭都會有班底工人，以及認識配合久的師傅，溝通協調上你只要對一位工頭就好，不需要費太多精神，合約上也是對工頭負責。	較能兼顧品質與理想的裝潢風格，還會提供你專業上的建議。
缺點	需要連絡溝通的人非常多，耗時長，剛開始配合時，必須花很多時間親自監工。	遇到不負責任的工頭，對品質上就會有很大的影響。	設計費行情非常亂，設計費占總工程款的 10% 到 40% 都有。建議找合法有執照的業者，比較有保障。

地址，並一一去拜訪、要名片。有了名單後，等到有房子要整修，再一個一個找來報價。

到後來我會培養兩到三個工頭班底，主要是態度好，肯負責的。裝修後有發生任何問題，會馬上來處理，價格反而是其次。

真正專業的工頭會管理裝修現場，在工地不能亂抽菸，也不會看到工地到處都是吃完的便當、飲料空罐等垃圾。而且，在施

工前會先去拜訪一下左鄰右舍，在社區公布欄張貼施工日期，與正常施工時間。一般來說為平日的早上 8 點到下午 5 點，中午休息一個小時，假日不施工。此外，每完成一個工程進度，會用照片存檔給你確認，並向你報告整個進度流程。

監工控管七個流程，不怕偷工減料

跟工班相處久了，現在我也能掌握一些監工技巧，接下來，我將按著施工流程，各別提出不同階段監工的重點。

一、拆除搬清工程：裸屋檢查漏水壁癌

很多中古屋會因為屋主的老舊裝潢，而看不到原本房子的樣子，所以修繕的第一步，就是把房屋拆解成裸屋後，我們才能著手進行改造裝潢。如果是牆面，就可以用手敲一敲，聽聽看是什麼聲音，很多牆面裝潢會加裝一層木頭隔板，這多半是為了要遮掩壁癌與漏水。

天花板若有裝潢，建議全部打掉重作，不然裡面可能鋼筋外露都不太知道。要特別留意牆面窗邊的壁癌與漏水問題，找出會漏水和溼氣過重的原因，房子的漏水與壁癌原因一定要先解決，不然即使做了天花板或是地板裝潢，也沒有任何意義，裝潢很快就會壞掉了。所以，建議等下雨好幾天後的隔天去看房子，直接到現場檢查屋況。

另外，若有更改內部隔間，結構牆絕對不能拆；判斷結構牆的方法其實很簡單，看牆面的厚度。通常牆面 20 公分以上的就

▶圖表3-7　拆除搬清工程要注意安全

施工時外觀要做防布遮掩，除了預防粉
塵外飄，更可避免雨飄進來，施工時
也較不容易發生物品墜落造成意外。

是結構牆，在 10 公分到 12 公分或是以下的，則為室內隔間牆。
接下來就是搬除廢棄物了，搬除的費用通常看搬運重量的車次而
定，而且有些拆除的廢棄物不能亂丟，要花錢請人回收。一般而
言，若是搬除泥作磚牆的廢棄物，價格會比木作的費用高，如果
是舊家具家電，則可以找市公所的清潔隊，或是二手家具家電行
來收。

二、泥作補強隔間工程：注意牆面及地面裂縫是否修補完整

拆除工程完成後，泥作師傅就會進場施工了，他們會來放樣，畫出隔間牆的大約位置，修補原來的牆面並砌新的牆面。

這時如果去監工，一定要留意牆面以及鋪磚前地板（施作前將地面墊高的施作水泥粉光）的細膩平整度，以及注意原本有裂縫的牆面是否補好了，還有地面間隙也要修整齊。

三、浴廁：防水層至少 150 公分高

浴廁也是要先塗好兩到三層的防水層，至少要 150 公分高。再來挑壁磚與地磚，而磚縫間要對線，磚面間要平整。維修孔的部分，也要記得預先做好，方便日後修繕。

四、水電工程：預留 1 公分以上的洩水坡度

泥作完成後，水電師傅要來挖溝槽配置管線位置，電路線及插座位置走牆面，最好配合自己的作息習慣，或是先告訴工頭或設計師要幾個幾段式開關鍵。

而水管大部分就走地下（會留一定的坡度方便排水，若管線長度為 1 米，至少要留 1 公分以上的洩水坡度，再依浴廁地磚大小做 1 公分到 2 公分的調整），接到公用管一起排出去。

▶圖表3-8　泥作注意牆面裂縫、地面間隙是否補好、修齊

注意是否貼齊

要留意牆面以及鋪磚前地板（施作前
將地面墊高的施作水泥粉光）的細膩
平整度，以及注意原本有裂縫的牆面
是否補好了，還有地面間隙也要修整
齊。

▶圖表3-9　浴室施作務必先留維修孔

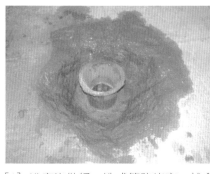
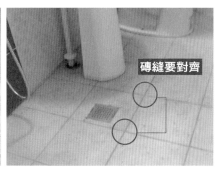

[1] 浴廁沒做好，造成管路堵塞，就會發生冒水的情形，故
　　把馬桶裝上去前，一定要反覆試水及管路是否通暢。
[2] 防水層至少要有 150 公分高，注意磚縫是否對齊。

1	2

▶圖表3-10　水管與電路線，最好使用原始設計的位置

水電線路最好沿用舊的配
置位置。若要更改位置，
要先標示清楚。

五、木作裝飾造型天花板工程：

木作工程在水電之後，但早在工程前期，木工就應該跟水電師傅溝通好冷氣的位置與管線的配置，以方便維修及美觀。此外，有哪根梁與柱要包起來或是設計成木作造型擺放架，或木作電視牆及櫃子，這些都是要先規劃與丈量才能報價。

至於天花板部分，現在普遍用矽酸鈣板，但還是會有些不肖業者用吸水率極高、易結露滴水下來、易變形的氧化鎂板。天花板的燈種與擺放位置，也是在製作前都要先確認好。現在普遍用的有 LED 燈（較貴但省電、聚焦）與崁燈（便宜但易散光），多半會再製作造型夾層燈。

▶**圖表3-11　木作工程前要溝通好管線位置**

所有溝通包含梁柱是否要包起來，有沒有要做書架或隔間，都要事先與師傅確認，如果要預留冷氣口，務必先提出需求。

六、全室油漆工程：

油漆工程包含：填縫批土、調顏色、上底漆，一般會上兩到七層漆（越多層價格越高）。通常會建議先批土再上漆，平整度會比較好。

最後裝潢全部完成，家具家電也都搬入後，油漆師傅最後還要來一趟，確認搬移物品時弄髒的地方並修補。收尾時再用矽利康來收邊，會較好看與整齊（見下頁圖表 3-13）。

七、燈飾家具布置完整：

最後一個步驟，就是挑客廳燈飾與每間房的壁燈，可以請師傅來現場裝燈，或是買一些小飾品裝飾布置。

▶圖表3-12　最後用燈具和布置營造氣氛

加些擺飾與燈具，提升居住空間的質感。

▶圖表3-13 等家具進場後請師傅再用矽利康收邊，視覺
上更美觀

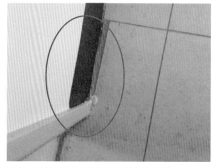

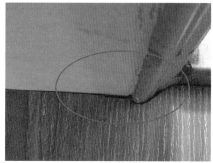

若施工有些瑕疵，可於家具進場後再
請師傅補強、收邊。

▶圖表3-14　棘手漏水問題，這些地方最常見

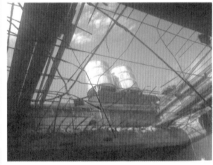

	2
1	4
3	

[1] 就算是 5 年內新大樓還是會有漏水壁癌的現象，容易發生在迎風面及窗戶邊。

[2] 防水漆的顏色選擇上，建議用淺色較不會吸熱。

[3]〔4〕因為屋主長久沒有修繕，鋼筋外露到非常嚴重，導致必須要全部打掉重做。

房屋最常遇到的棘手問題「漏水」

一般中古屋最讓人頭痛的問題，就是房屋漏水。依照我自己的經驗，漏水又可以分成三大類（見第 205 頁圖表 3-14）。

一、邊間外牆漏水：不要懷疑，在台灣只要是邊間或是頂樓，九成以上會有漏水及壁癌問題，剩餘的一成只是時間早晚的問題。重點是發現後要及時處理，不能讓狀況惡化下去。

一般來說外牆的部分，會使用特殊材質的防水漆或磁磚直接隔絕，若施作面積太高的話，就要搭鷹架，費用也會增加。

二、頂樓天花板漏水：處理方式與外牆一樣，也是用特殊材質防水漆或磁磚直接隔絕，早期也有人會搭蓋開放式鐵皮隔絕雨水。在防水漆的顏色選擇上，建議用淺色較不會吸熱。

三、樓上管路漏水：若遇到樓上管線的漏水問題就比較麻煩了，因為得跟樓上屋主溝通聯繫，請抓漏師傅到鄰居家找出問題的根源，再針對源頭處置。如果是水管破裂，就得把水管修復。通常浴室與廚房，是最常見的漏水區域。若浴室漏水，就要大工程把磁磚敲開，重新做一層防水層。

第四節

全額付清、按工程期分次付款，有什麼不一樣？

　　裝潢和預售屋施工很像，通常都會分期付款，做到哪繳到哪。不過，可別以為只要分期付款，資金的風險就會小一點，還必須明確訂出各階段的驗收項目，完成了這個階段的驗收工程，再繳付下一期的工程款，是比較安全的做法。

　　話說回來，分期付款到底分幾期比較好？有些設計師僅分成三期款：在第一階段開工前預收金額 30%，等第一階段的拆除、砌磚、水電配管和門框安裝等基礎工程完成後，會再接著進行第二階段的工程，將磚牆粉光、磁磚、天花板、冷氣配管完成，於油漆工程開始進場前，收取第二階段的工程款（總金額 50%）。

　　最後，等油漆、壁紙等工程完工，各種設備安裝完成，於七日內驗收無誤，即收取最後的尾款（總金額 20%）。

　　其他關於工程款之分期，業界的合約還有以下寫法：

　　●寫法一：（3-3-3-1）：第 1 期：開工付 30%、第 2 期：工程進行中付 30%、第 3 期完工付 30%、第 4 期：驗收完成付 10%。

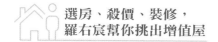
▶圖表3-15　工程款要分期付款，做到哪付到哪

施工前預收訂金

（總金額 **30%**）

工程中，於油漆工程開始進場前

收取第二階段的工程款（總金額 **50%**）

七日內驗收無誤，收取最後的尾款

（總金額 **20%**）

● 寫法二：（2-3-3-1-1）：第 1 期：簽約時付 20%、第 2 期：工程完成 1／3 付 30%、第 3 期：工程完成 2／3 付 30%、第 4 期：工程竣工付 10%、第 5 期：驗收通過（或驗收後且修補瑕疵後）付 10%。

● 寫法三：（3-2-2-2-1）：第 1 期：簽約付 30%、第 2 期：拆除進場付 20%、第 3 期泥作進場付 20%、第 4 期：木作進場付 20%、第 5 期：完工付 10%。

● 寫法四：（1-2-2-2-2-1）：第 1 期：簽約日付 10%、第 2 期：開工日付 20%、第 3 期：磁磚進場付 20%、第 4 期：木作

進場付 20%、第 5 期：油漆進場付 20%、第 6 期：驗收通過後 10%。

●**寫法五**：（1-1-2-2-2-1-1）：第 1 期：簽約日付 10%、第 2 期：拆除進場付 10%、第 3 期：泥作進場付 20%、第 4 期：木作進場付 20%、第 5 期：油漆進場付 20%、第 6 期：家具燈飾進場付 10%、第 7 期：驗收通過後 10%。

　　但是，以上各種分期方式，對於屋主付款權益的保障，均有不足，例如：「工程進行中、完工」、「工程完成 1／3」、「工程完成 2／3」認定上易生爭議，業者易浮誇進度；依寫法三，木作進場時屋主已付了 90% 工程款，易造成業者收款後反而開始草率、拖延施工；寫法四、寫法五雖已將工程款之分期更加細分，且驗收通過才付最後 10%，但還是會有業者已收取 90% 工程款後，對於施工瑕疵就完全置之不理的弊病，甚至反以「修補需追加付款」再向屋主敲一筆。

　　此外，裝修品質要能確保，不應該是直到最後階段屋主才來一次「總驗收」，而是在各工程階段即不斷進行「初步驗收」（初驗），以能夠即時修正錯誤、瑕疵。因此，在各期付款之前，屋主有權利針對業者前一期應完成的部分，先進行初驗，待初驗合格後，屋主才能付款。

　　換言之，在業者往往先收款才施作各期進度的情況下，屋主必須設法保障自己的權益，具體作法上，將各期付款細分，然後配合業者各期施工進度，「做到哪、初驗到哪、付款到哪」，對屋主的保障較為周全。

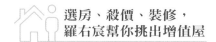

基於自保的原則，建議施工約中可以加入以下條款：

一、乙方（施工承作者）於各期（如第二期之泥作工程）工程款請款前，應先通知甲方（委託者），就前期乙方應完成項目（即第一期之拆除工程驗收表所列項目）中，已完成項目部分進行初驗。

二、甲方於各期（如第二期之泥作工程）工程款支付前，得就所有前期乙方應完成項目（即第一期之拆除工程驗收表所列項目），先進行初驗。前期乙方應完成項目中之 90％ 項目（**達成比例依本合約附件之各工程驗收表所列項目計算**）均初驗合格後，始須支付（當期即第二期之泥作工程部分）款項。

三、各期工程初驗之進行，依本合約附件之拆除工程驗收表、各泥作工程驗收表、水及電工程驗收表、廚房工程驗收表、衛浴工程驗收表、各木作工程驗收表、油漆工程驗收表、鋁金工程驗收表、各裝飾工程驗收表等所列項目，逐一驗收確認。

上述第二點中的合格率 90％，也可以視實際狀況作調整，或改以「不得超過多少項瑕疵」來替代之；至於上述第三點的驗收標準，則建議務必在簽約時即一併約定清楚。

第四章

房貸一揹起碼十年，怎麼還得輕鬆又兼顧生活品質？

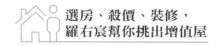
第一節

先估價再出價，貸出好條件

　　銀行是你一生中必須要深耕的地方，很多有錢人即使手頭現金充足，也會常去銀行看看，有沒有其他更好的資金周轉辦法，以便不時之需。

　　建議你若打算買房子，從現在開始就要慢慢跟各大銀行接觸，尋找適合自己的貸款方案，或找與自己頻率較合的貸款專員，通常我會培養兩到三位適合自己的專員。

　　一般來說，辦貸款之前會請對方先估價，若你到銀行請人估價，正常都需要兩到三個工作天，有些銀行會先參考近半年實價登錄上，相同性質及坪數的成交產品做初估。

　　話說回來，現在的銀行品牌非常多，對於不同的產品，也有各種相對應的類型銀行。例如：有些銀行不承辦工業用地和國宅的貸款，某幾家銀行貸款則不承作透天的產品，也有不承作標的物屋齡超過 40 年以上的。

　　大部分銀行一定會承作貸款的房地產類型產品，為建地屬於住宅使用的華廈或大樓、公寓，這些產品是普遍銀行認可最有價值的部分，也可作為抵押質借，也就是所謂的大眾商品。

先到銀行估價，再決定出價上限

那麼，要怎麼樣請銀行專員估價呢？首先準備好你想要買的物件謄本。再來把你的房子相關資料，直接傳給銀行專員，方便他們快速估價。通常，銀行的貸款成數是由實際成交價，以及銀行鑑價市值取其低來核貸成數。

所以，銀行鑑價對你是否能得到較好的貸款條件，會有極大的影響。例如：有一間房成交價為 500 萬，銀行鑑價只有 400 萬元，核貸成數為八成，所以貸款金額為 400×0.8=320 萬，貸款金額相當於實際成交價的七成不到，這表示你得多準備一成多的頭期款，影響非常大。

坊間的銀行核貸成數以及利率的高低，會依以下兩個重點作為判斷依據。

一、房屋條件：由於每個房子的屋況以及地段不一，好的優質地段，尤其是鄰大馬路與近重大交通建設旁，銀行願意核貸的成數就高，如果是在嫌惡設施旁的房子，或是海砂屋、輻射屋，都會影響鑑價結果。

二、個人條件：包含貸款人本身的信用條件，以及持續性地至少半年以上的公司薪資收入。如果是軍公教人員及台灣 500 大企業員工，都是銀行業眼中的好客戶。此外，名下有幾間房也會影響貸款成數，在不久之前央行還限制桃園、新北這兩個地區管制，導致第二間最多只能核貸六成，以及豪宅高總價產品的豪貸成數，也被限制相對較低。

　　除了以上兩點外，保證人的還款能力，也會影響貸款人的貸款成數。保證人又可以分為三類。

　　一、共同借款人：所借款項共用、共同分配並共同連帶負擔主債務責任。其一人作債務清償時，其他共同借款人也連同解除清償責任。

　　二、一般保證人：對借款人之主債務可為均分有多數保證人時，當某一保證人作債務清償時（均分債務），其他保證人不會連帶解除保證責任。

　　三、連帶保證人：與主債務人（借款人）負相同之債務連帶清償責任，債務不得均分但不共用、分配使用所借款項。當主債務人或其中一個連保人，做債務清償時，其他連帶保證人也連同解除保證責任。

　　通常保證人會找二等親以內的家屬。常見的有夫妻擔保與父母、兄弟姊妹擔保。若保證人的還款能力佳，將有助於爭取較好的貸款條件。

　　房貸類型越來越多元化，有些銀行所推出的房貸方案五花八門，結合了理財，儲蓄，保險等，目前市面上可分為：房貸政府優惠房貸、一價到底房貸、利率遞減型房貸、階梯式房貸、固定房貸、壽險型房貸、循環額度房貸等（詳見下頁圖表 4-1）。再做選擇比較時，建議注意以下幾個問題：

　　一、條件方面是否有要綁約？
　　二、有無寬限期？

三、貸款年限多長？

四、貸款金額加上手續費及其他保費（加保地震險、火險）等，總共是多少？

尤其要特別注意第四點，因貸款本金之外，手續費及其他費用，如開辦費、徵信查詢費、代償費、每年帳戶管理費等，這些都可能影響你日後每個月的還款金額，建議務必仔細確認。

需要開履保專戶嗎？

現在房子成交後，不管是不是透過仲介成交，建議一定要用履保專戶。履保專戶顧名思義，就是由建築經理公司以第三人身分，進行監管的資金交易平台，以確保雙方履行契約內容。

履保費用通常為成交總價的 0.06％。買方支付價金，賣方將產權過戶給買方交屋。透過履保服務，買方可以避免支付價金後，賣方捲款潛逃，導致買方拿不到房子，賣方也可以確保拿到錢後，才把房子過戶給買方，對雙方都有保障。

▶圖表4-1　市面上房貸類型比較

貸款名稱	政府優惠房貸	一價到底房貸	利率遞減型房貸
定價基礎	1. **混合式固定利率**：前 2 年採固定利率，第 1 年以郵局定儲機動利率固定加 0.525%，第 2 年以郵局定儲機動利率固定加 0.625%，第 3 年起以郵局定儲機動利率固定加 0.645% 機動計息。 2. **機動利率**：前 2 年以郵局定儲機動利率固定加 0.345%，第 3 年起以郵局定儲機動利率固定加 0.645% 機動計息。	以郵局定儲的機動利率加碼固定利率，目前以 1.77% 起。	依郵局定儲機動利率浮動調整，前 6 個月 1.69% 起，第7 個月 2.29% 起遞減。
貸款額度	最高估價淨值 8 成核貸（最高新台幣 800 萬元）。	最高估價淨值 8.5 成核貸。	最高估價淨值 8.5 成核貸。
利率加碼自動遞減功能	無	無	有
適用族群	首購族。	信用良好的優質客戶。	雙薪家庭、對利率敏感度較高者，例如：上班族、避險族。
補充說明	條件較嚴格，需借款人與其配偶及未成年子女均無自有住宅者。但貸款期間可長達 30 年，有寬限 3 年。	需手續費依貸款金額的 0.1%，最低 5,000 元。	隨郵局 2 年期定儲機動利率調整，貸款期間最長 30 年。

＊中華郵政公司 2 年期定期儲金機動利率，目前為 1.125%，實際利率以
　該公司公布之利率為準。

階梯式房貸	固定房貸	壽險型房貸	循環額度房貸
依郵局定儲機動利率浮動調整，前 6 個月 1.5% 到 2%，第7到24個月1.71%到2.2%，第3年起2%到2.5%。	採固定利率計價 1.88% 到 3.5%。	多搭配指數型房貸，前 2 年利率可優惠 0.1% 到 0.2% 不等。	採定儲利率浮動計價，目前首年利率在 2.8% 到 4% 不等。
最高估價淨值 8.5 成核貸。	最高估價淨值 8 成核貸。	最高估價淨值 8.5 成核貸。	最高估價淨值 8 成核貸。
無	無	無	無
短期內還款能力有限者，如：新鮮人、首購族。	每月明確掌握支出負擔者，如：上班族、避險族、投資族。	保險額度不足，或為家中經濟支柱者。	有資金需求，或流量較大的短進短出投資人，如攤販、小生意或計畫性投資人。
定儲利率每 3 個月調整一次，貸款期間最長 30 年。	貸款期間最長 20 年。	定儲利率每 3 個月調整一次，貸款期間最長 30 年。	定儲利率每 3 個月調整一次，貸款期間最長 30 年。

第二節

房貸該找誰貸？
不只銀行可以辦

　　除了熟知的銀行外，其實壽險公司、信託公司、農會、房仲都可以幫你申請貸款，當然，第一首選還是找「長期有往來的金融機構」，一方面最了解你的信用，另一方面也因為平常有往來，比較容易爭取到優惠的利率。

　　目前可以申辦房貸的機構如下：

　　一、金融機構：公營行庫，配合政策提供各類優惠貸款，優點是保守穩健，利率也較低，只是可以貸款的成數相對較低。若是找民營銀行，房貸產品多元，利率普遍比公營的高。此外，農會、漁會、信用合作社及信託公司也都可以申請。

　　二、壽險公司：如果你是壽險保戶，也可以跟壽險公司申請壽險不動產抵押貸款，或保單質押貸款，在利率上多少能爭取到折扣。

　　三、找建商、房仲代辦：通常建商或房仲公司，會有固定往來的銀行，對金融機構之間的房貸差異最了解，很多建設公司甚至提供自有資金借款，或預售屋融資貸款服務。

　　四、政府機關：若你具備公務人員身分，不同的單位也會有

不同的優惠房貸，你可以依據所屬單位申請優惠房貸，如：公教貸款、農家綜合貸款、國軍兵購屋貸款等。政府也有提出獎勵購屋的貸款方案，例如：青年安心成家購屋貸款。

▶圖表4-2　申辦房貸的機構比較

機構	金融機構	壽險公司	找建商、房仲代辦	政府機關
優點	● 公營行庫：較保守、穩健，利率也較低。 ● 民營銀行：產品多元。	在利率上多少會有折扣。	建商整批分戶貸款量大，在銀行審核的評分上，一定比個人申請來的高，想申請高成數貸款的人較容易過關。	利率低，且還款年限較長（可達30年）。
缺點	● 公營行庫：貸款額度較低。 ● 民營銀行：利率較高。	壽險公司貸款成數最高為6成，只有不是央行限制區域的房貸，或首次購屋貸款者，才可以貸款到8成，還須視客戶信用與收入而定。	不能單獨脫離辦理貸款，且只要房子過戶貸款就會下來撥給建商，銀行不會主動告知，對買方比較沒有保障。	身分審核較嚴格。

　　此外要注意一點，若是以郵局的流程規定，則必須等買賣雙方都簽約後，鑑款人已經送件才會進行估價；還有，如果你買的是超過30年以上的中古屋，郵局會以老屋的折舊率與重建成本

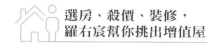
來估價，因屋齡過老恐怕無法計算，不管地段多好都一樣。

所以，若是你買的標的物屋齡超過 30 年，最好找銀行申請房貸較有利，如果擔心貸不出來，可以事先跟承辦人討論自備款、房屋屋齡、地段等問題，請承辦人員先初估你能貸出來的金額。

貸款成數越高越好？能自給自足才是重點

很多人都覺得，房貸的成數越高越好。但是我認為，比起貸款成數，你更要關心的是風險管理。如果你買一間房子，每個月付出的貸款利息，是在自己所能承擔的風險範圍內，這樣的房子才有能力幫你賺錢。

從理論上來看，投入房地產的自備款越多，本金加計利息的月付款項越低。假設一間房子總價 500 萬，你用頭期款現金 400 萬買下，剩下 100 萬貸款，每月只需繳交約 5,000 元（2%），即使加上一些維修、折舊、空置率、稅金等隱形成本，這間房子還是能取得正現金流。

不過，現在很多專家或名嘴，教人家全貸投資（零自備款），或是貸款高達九成買房（先決條件是個人信用好，尤其是公務員、百大企業），相對的每月的現金流就很容易是負的，要是不幸賣房時，正好遇到市場不景氣，怎麼賣都賣不掉時，因為貸款的壓力大，每月所繳交的房貸利息負擔重，導致很多人不得不賠錢出售。

　　我在前面有提到，房地產如果擺得夠久，不太可能會賠錢。很多人賠錢的理由，都是因為貸款壓力過大，不得不把房子賣掉。所以，貸款成數應該視個人的還款能力而定，而非一味追求高成數。

按部就班申請房貸，讓你安心擁房

　　一提到要和銀行往來，很多人可能會立刻倒退三步，主要的原因就是被繁瑣的流程嚇到，實際上，申請房貸只要按著以下步驟，確實備妥資料，通常都能順利通過審核，申請成功。

　　一、準備文件

　　準備文件分為本人及保證人部分，本人要準備：買賣合約書影本、土地及建物登記簿謄本、薪資所得證明影本（若超過1,000萬元，須至國稅局申請報稅證明）、地籍圖及平面圖、貸款申請書、戶口名簿影本或戶籍謄本、身分證正反面影本、印鑑證明。保證人則需要準備戶口名簿影本或戶籍謄本、身分證正反面影本、薪資扣繳憑單、存款證明或其他財力證明文件、所得證明影本。

　　二、提出申請

　　備妥文件後，依資金需求選擇貸款金額與房貸類型，確定後與銀行的房貸部門聯繫，親自到銀行填寫貸款申請書，並由本人與保證人簽名蓋章。

　　提醒一點，一般人向房仲業者或建商購屋，業者都有配合的

銀行，**找業者的配合銀行貸款除了送件快外，利率及放款條件往往都會有團體優惠。**不過如果借款人本身條件不錯，也能多找幾家銀行洽談看看。此外，除了銀行，中小企銀、信用合作社、農漁會、壽險公司等都有提供房貸方案，建議可多比較幾家。

三、估價

提出房貸申請後，銀行會依房子的座落地段、屋齡、坪數、房型等條件進行估價，一方面也會參考周邊區域及相似物件的法拍行情、成交行情和銀行自有資料庫。基本上銀行的鑑價往往會比房價保守，就算借款人未來付不出房貸，銀行拍賣房子後也不會吃虧。也有部分銀行會為了爭取業務，拉高房屋的鑑價金額，即使貸款成數不如預期，借款人仍能拿到期待的金額。

四、銀行審核

銀行完成不動產估價後，最重視的還是借款人的還款能力，評估方式包含兩個部分：

1. **個人徵信**：貸款者本人與保證人的職業、收入與信用紀錄。

2. **房屋估價**：如房屋類型、坪數、地點、周邊生活機能等。

由此可知，房屋的地段和坪數也會影響貸款的成數，如最近很受小資族歡迎的套房類物件，通常只能貸出五到六成，10 坪以下的物件，很多銀行根本不願意承辦，另外，高穩定收入的醫師、會計師、公教人員等，能拿到較好的房貸利率與成數。建議一般上班族可提出相關財力證明，如薪資扣繳憑單等，甚至找到有力的保證人如銀行 VIP，亦有機會拿到不錯的貸款條件。

五、對保簽約

指與銀行簽訂借款契約。房貸申請經銀行核准後，借款人可與銀行約定時間，在銀行進行對保，對保當天需由借款人及保證人親自前往約定地點，房貸專員會幫借款人開設帳戶，作為日後撥款及繳款時的帳戶。

另外要注意，在對保時一定要要求銀行，在撥款前必須先得到你的同意，不能讓建商單方面要求就直接撥款。我曾聽同行說過一個案例，有個屋主在驗屋時仍有一堆問題沒有解決，但銀行未經他同意，就直接將尾款撥給建商，建商拿錢後，對後續的問題就不理不睬，由此可知，最好要求銀行必須憑房屋驗收單撥款，對自己才有保障。

六、辦理投保

銀行為了保障債權，會強制要求貸款人投保住宅火險與地震險，通常一年一期直到貸款還清為止，多數銀行有搭配房貸的保險商品，可以直接透過銀行投保，也可以另外找信任的保險公司投保。

由於火險範圍不包含土地，因此只要按建築物價值投保即可，例如：買房子的總價為 1,000 萬元，房貸為 700 萬元，扣除土地後的建築物價值為 300 萬元，則保額設定在 300 萬元即可。

七、抵押權設定

銀行提供資金給借款人購屋，當然也會要求要有所保障，因此會以房地產作為擔保物設定抵押權，抵押權設定金額為貸款金額的 1.2 倍，以防未來借款人還不出錢來。

除了房貸之外，還有違約罰款、違約利息及向法院聲請強制執行等費用必須支付。

抵押權設定時，所需文件如下：申請人身分證明文件、抵押權設定申請書、抵押權設定契約書、土地登記申請書、土地及建物所有權狀。

擔保抵押權的設定，通常只需要一個工作天，但記得要在對保訂立抵押權設定契約書次日起一個月內，向地政事務所申請抵押權設定登記，逾期會有罰鍰產生，若在購屋時請代書協助處理，這部分代書（地政士）也會幫忙處理，就不必自己跑一趟。

八、撥款

房貸撥款通常都會配合借款人的交屋時間，利息也是自撥款日開始計算。若在交屋前發現房子有任何問題，如房子是海砂屋、兇宅，亦可請求銀行暫緩撥款。

第三節

擬好計畫，讓你按月還款還能保有生活品質

　　選定銀行、決定房貸商品後，還要決定還款方式，你打算花幾年的時間償還貸款？需要寬限期嗎？還是要選本金攤、本息攤？因為多一年就要多好幾千元的利息，所以請務必計算仔細。

　　首先，你得決定還款時間，原則上是以「月」來計算，看你想花 120 個月（10 年）還是 240 個月（20 年），或 360 個月（30 年）償還？還款時間越短，還的利息越少。因此，也有金融機構推出雙週繳，一年還款 26 次，縮款還款時間，就可以降低利息，相對的每期要還的本金較高，適合還款能力佳的人。

　　接著，你得選擇還款方式，一般來說有三種類型：

　　●**本金平均攤還法**：貸款期間內每期償還的本金都相同，但每期所攤還的利息，會跟著攤還的本金逐漸變少而減輕，例如，還款的本金為每期 1 萬 5,000 元，但每個月要還的利息則應該越來越低，換言之，每期要攤還的錢也會越來越少。

　　●**本息平均攤還法**：貸款期間內將本金和利息一起平均攤還，每期償還的金額都一樣，例如，每期固定還 1 萬 5,000 元。這種方式可以方便貸款人管理財務，是最多人使用的還款方式。

　　●**寬限期**：金融機構通常會有三年的寬限時間，可以只繳利

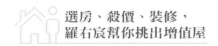
息不還本金（想提前還本金也可以），缺點是當寬限時間結束後，每期要攤還的本利合會增加很多，一般來說，當寬限期結束，會再從以上兩種方式中選擇一種作為還款方式。

▶圖表4-3　四種還款方式比較

類型	本金平均攤還法	本息平均攤還法	寬限期三年＋本金攤	寬限期三年＋本息攤
每月攤還本金	每月固定為 20,833 元。	每月固定為 26,495 元。	前三年無。	前三年無。
每月攤還本息	10,417 元 每月遞減		第四年起，每月本金固定繳 24,510 元＋利息 10,417 元遞減。	第四年起，每月繳固定本金＋利息 10,417 元
每月應繳本利合	31,250 元 每月遞減		34,927 元	30,111 元
20年利息總合	1,255,228 元	1,358,835 元	1,442,709 元	1,517,656 元
還款總計	6,255,228 元 最省	6,358,853 元	6,442,709 元	6,517,656 元

＊以貸款 500 萬元，還款期限 20 年，固定年利率 2.5% 計算。

第四節

我能用青年安心成家優惠貸款嗎？

根據人力銀行統計，如果以平均薪資 3 萬元計算，年輕人得不吃不喝 52 年，才存得到足夠的退休金，那買房的計畫是否只好等下輩子？

實際上，根據營建署資料，還是有 13 縣市的房價在合理的負擔範圍內，且政府也針對青年提供貸款買房的優惠，所以你可以不必這麼快就放棄買房的希望。再加上前陣子央行宣布降息，接著郵局也跟著宣布調降利率，國內房貸族首先受惠。其中，**政策性房貸的青年安心優惠成家專案，即將跌破 1.5% 大關，創下房貸史上最低利率紀錄**，現在正是年輕人買房的最好機會。

目前來說，政府推出兩個主要的優惠房貸方案，為青年首購優惠貸款及整合住宅補貼方案，只要身分符合者，都可以適用。

一、青年安心成家優惠貸款：

財政部的「青年安心成家購屋優惠貸款」，其申請資格為年齡滿 20 歲以上，本人與配偶無自用住宅，無論單身或已婚都可以申請，每戶最高可貸款 500 萬元，貸款年限最長為 30 年，利率上也比一般銀行優惠。

二、整合住宅貸款方案：

內政部針對年齡滿 20 歲以上，且有配偶或直系親屬同戶，或 40 歲以上單身者，提供整合住宅補貼方案，每戶最高 200 萬元。但有一個附加條件是，家庭年收入須在 50％ 分位點以下（居住於台北市、新北市家庭年收在 158 萬以下，高雄市 111 萬以下，其他縣市 103 萬以下者）。

另外，內政部還提供有換屋需求者，換屋補貼的方案，貸款人只要把房子賣掉買新屋，在一間房子的前提下，就可以申請最高額度 200 萬元，前兩年免息的換屋補貼。但申請人年齡必須在 45 歲以下，且育有子女，舊屋必須在一年內完成交屋手續。

▶圖表4-4　三種政府房貸優惠方案比較

優惠方案名稱	青年安心成家優惠貸款	整合住宅貸款	換屋補貼方案
申請條件	年齡滿 20 歲以上，本人與配偶無自用住宅者。	年齡滿 20 歲以上，且有配偶或直系親屬同戶，或 40 歲以上單身，家庭年收入，須在 50％ 分位點以下者。	年齡滿 20 歲以上，未滿 45 歲，育有子女者。
額度	500 萬元	200 萬元	200 萬元
利率	前兩年1.79％，第三年開始 2.02％。	第一類弱勢家庭優惠利率 0.702％，第二類優惠利率 1.227％。	前兩年零利率，第三年起，第一類弱勢家庭優惠利率 0.702％，第二類優惠利率 1.227％。
貸款年限	30 年	30 年	30 年

＊利率依政府公告為準。
＊第一類弱勢家庭：中低收入戶家庭，須附一年內中低收入證明。
＊第二類優惠：即符合條件之一般民眾。

第五節

以房養老，真的可行嗎？

　　以房養老，是「用房子來籌措養老金」的一種方式，在國外行之有年，包括銀行、保險公司以及社會福利機構都可作為提供的機構主體。在台灣，目前只開放銀行提供不動產逆向抵押貸款，申請人抵押房產給銀行，銀行再定期給付申請人近似年金的生活費；好處是房屋仍可自住，身故後房產繼承人可選擇清償，或是承接貸款，房屋所有權仍可順利移轉。

　　民國 102 年 3 月行政院曾推出試辦方案，以 70 歲的老人，估價約 1,000 萬元的房產為例，依據平均壽命所制定的利率，男性每月約可領取 3 萬 5,000 元，女性則每月約領取 3 萬元，領到身故為止；而不動產核定價值越高，每個月可領到金額也較高。

　　只是，由於國人觀念較傳統，且該方案對象限定較嚴，包括申請對象必須符合三大條件：單獨持有房產、65 歲以上、沒有法定繼承人等，因此試辦成果有限。

　　不過，大部分的台灣民眾辛苦打拚了一輩子，努力掙錢養家活口繳房貸，心理上的安全感總是無法用金錢衡量；因此大多數人幾乎都捨不得把房子賣掉，且都想傳承給下一代。

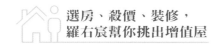
注意！一給付就不能解約

然而，換個腦袋思考，若是趁房地產價值仍高時，提早活化作為預備養老金，又或者已屆老年的族群，發現自己老後退休生活費不足，以房養老就變成籌措財源的另一個管道，不至於落得「窮得只剩下房子」的窘境。

目前包括土地銀行、合作金庫、台灣企銀等公營行庫，都已推出以房養老方案。攤開目前市面上的以房養老專案比較，和一般房貸不同的是，限定老齡者才能申請，並且採取定期給付，避免借款人提早用罄養老金，以及遭人覬覦財物的道德風險。

更進一步來看，土地銀行僅提供逆向抵押貸款，資金運用彈性較高。合作金庫和南山人壽則合作推出包括以年金為主約、結合長期照顧保障及終身醫療附約搭配的組合式商品，透過保險機制，提供多一層風險保障，彌補不足的財務缺口；且特別的是，放款成數不超過五成者，房貸利息可在貸款期間免繳掛帳，借款人身故後，再和剩餘本金一起結算。

合庫也有利息上限的掛帳機制，借款戶每月所付出的房貸利息不超過給付的三分之一，多出來的部分則先掛帳，待日後借款戶身故再由繼承人清償。此方案的好處是替借款戶在生存期間，爭取更多的資金運用彈性；此外，在結合保險商品的部分，也提供保證給付期間，也就是說，在借款人尚未領完年金金額即身故的話，可由受益人或其他應承接人繼續領到期滿。

而台灣人壽則和台企銀，除了同樣結合房貸和保險，還加上

安養信託機制，等於替年金再加上一層保險。信託擁有指定用途、專款專用好處，當事人若不幸發生失智、失能情事，能確保年金不致被他人盜領，為了推廣這項資產保全的功能，台企銀信託費也特地調降；例如，1,000 萬元的信託專戶，每個月僅收約200 元的管理費。

慎選！針對自身需求再下手

站在高齡客戶角度而言，趁房價高點時，透過活化手中房產來換取老後尊嚴和更有品質的生活，是一項不錯的選擇；只是，羊毛出在羊身上，由於個別業者基於經營風險，因此在方案上比較保守，目前僅適合有迫切需求的族群購買，為了避免糾紛，審閱合約還是必須多留意，一定要注意以下三大風險。

首先，以房養老最大的限制就是合約期間房子不能自由處分，若搭配保險年金給付，不能中途終止契約或申請保單借款，也沒有解約金。其次，年金險所使用的生命表有別於壽險，因此，雖然活到老領到老，但投入相同的本金，得到的生存金會較少。

最後，購買前要特別詳閱合約內容，注意業者固定給付的年金，可能會來自於部分所繳的躉繳本金，以及附加其他相關的成本費用，當產品提供的保障越完整，要付出的代價也更高，所以，還是看自己的需求評估合適的產品。

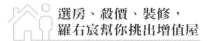
▶圖表4-5　目前市面上的以房養老專案比較

	土地銀行	合庫銀行	台灣企銀
模式	房貸	房貸＋保險	房貸＋保險 ＋信託
限定年齡	滿 65 歲	滿 65 歲	滿 60 歲
最高可貸成數	大台北先試辦，精華區最高 7 成，其他區域 6 成。	8 成。	7 成，全台皆可申辦。
房貸利率	2% 起跳	2.3% 起跳	2% 起跳
貸款期限	最長 30 年	最長 30 年	最長 30 年
特色	放款成數不超過 5 成者，利息可在貸款期間，免繳掛帳；借款人身故後，再和剩餘本金一起結算。	1. 貸款人歲數加上貸款年限必須大於 95。 2. 設利息上限門檻，房貸利息超過年金 1／3 者先掛帳。 3. 針對 30 歲以上的房貸戶，提供「前期」年金、長照、醫療等保險架構，等到 65 歲即直接銜接逆向抵押房貸。	1. 保證借款人即便遇到六大狀況，包括擔保房屋遭都更、重建、滅失或是遭有心人設定二胎而失去給付。 2. 即使失智、受監護宣告喪失行為能力，契約期間仍正常撥款。

第五章

想好這些問題，
有共識的
挑一間幸福宅

第一節

這間房「最多」要住幾個人？

在挑選標的物時，就該想清楚「還有誰會住進來？」而這個問題設定的範圍，最好以五到十年為區間，也可以趁此考慮未來這個階段的人生規劃。比方說：會結婚嗎？婚後有可能和任一方的父母同住嗎？還是需要就近照顧長輩？有計畫要生小孩嗎？想清楚這個問題，就能避免日後因為突發狀況影響生活。

小家庭可挑兩到三房，和父母同住透天最好

如果你只有一個人住，可以選擇總價低、負擔小、交通便利的套房。只是這種物件的貸款成數不高，需要準備的頭期款會比較高。而且以套房為主的大樓或社區，因為戶數多，人口也會比較複雜。

若是為了結婚買房子，最好選擇 2 到 3 房的公寓，畢竟未來可能會生小孩，雙方父母就算平常不同住，也可能臨時上來借住。多出來的房間也可以拿來做儲藏室、客房或書房，建議如果預算許可，3 房的產品會比較實用。

▶圖表5-1　想一想，哪一種房子適合你？

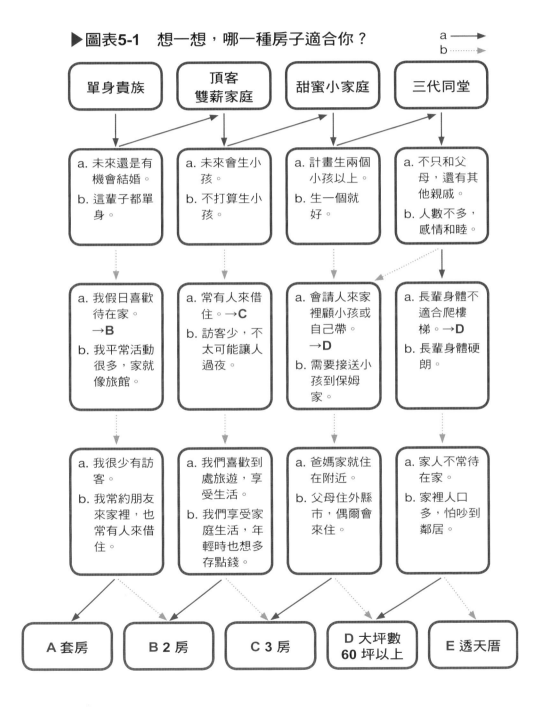

　　若婚後會跟父母同住，最好盡可能為彼此保留獨立的空間，所以 4 房以上大坪數的產品，或是透天厝都是不錯的選擇。如果考量到父母的健康狀況，也可以考慮買兩戶打通變大空間，讓彼此生活更舒適自在。

第二節

買到房子，要登記在誰名下？

夫妻一起買房經常遇到「房屋要登記在誰名下？」的問題，一般夫妻的置產項目中，最值錢的大概就是房子了。但現代人多半用貸款的方式買房，若房貸還不出來，立刻就必須面對龐大的償還壓力，所以無論登記在誰名下，都有一定的風險，還會衍生出很多家庭問題。

因此，建議可以理性的從三個面向思考。

一、誰的貸款條件好，就登記在誰名下：

銀行核貸除了考量標的物的地段等基本條件外，也看貸款人的職業、信用、收入狀況。如果夫妻中有一方是 500 大企業的員工，若找其公司配合的銀行貸款，通常在利息上會有優惠（最少 0.25％），也能貸出較高的成數。若以貸款 500 萬元，貸 25 年，年利率 3.25％ 採本息攤平法計算，20 年下來的利息總和約為 180 萬元，若是同樣條件，利息少 0.25％，即以年利率 3％ 計算，利息總合約 165 萬，足足可以省下 15 萬元的利息。

二、誰能節省增值稅，就登記在誰名下：

房子的相關稅負最沉重的一項，就是土地增值稅，好在有兩項優惠條件可以申請，第一項是一生一屋的 10％ 優惠稅率（以個人累計換屋總面積、都市地區土地不超過 1.5 公畝），第二項

則是以小換大的重購退稅。不過若採用第二項的重購退稅時，稅法規定原出售土地及新購土地所有權人名需一致，也就是說，若第一棟房子登記在先生名下，移轉後購入第二棟房子也得登記在先生名下才試用此優惠方案。

三、誰最需要法律保障，就登記在誰名下：

民國 85 年修法後，房子登記在誰的名下就是誰的，即使當初貸款是丈夫繳的，但若房子登記在妻子名下，那麼妻子就擁有這間房屋的處置權。不過當離婚時，若夫妻採取法定財產制，根據《民法》1030 條規定，「剩餘財產較少的一方，可以提出剩餘財產分配請求權。」也就是可以要求剩餘財產多的一方，拿出部分財產兩人均分。

比方說，妻子名下有一間市值 1,000 萬的房子，丈夫名下有 200 萬的存款，假設雙方都沒有負債，那麼丈夫就可以要求妻子將 800 萬元拿出來均分（1000－200＝800 萬元），也就是說丈夫可以要求妻子給付 400 萬元。

共同登記不傷和氣，最公平

縱觀來看，誰最需要法律保障，建議就將房子登記在其名下，或是也可以採取較公平的共同登記方式，對雙方都有保障。只是要注意，共同登記房屋的另一半，仍有自由處分名下持分的權利，而且若另一半不幸過世，夫妻又沒有生小孩，夫妻雙方的親友都有權利要求繼承該標的物。

第三節

買一間房子，
需要付哪些費用？

買一間房子，除了購屋本身的直接成本外，還有許多稅費、貸款手續費、仲介費、代書費等其他雜費，很多人一開始並沒有預想到還有這麼多費用要繳，等到辦手續及過戶後，才發現還有這麼多支出，連帶影響自己的財務運用，建議買房前先預估這些費用，才能有餘裕買到好宅。

買方一定要繳的費用有契稅、印花稅和其他的行政規費，例如買賣過戶的登記費用、書狀費、他項權利設定規費。

▶圖表5-2　買房需要付的稅費與行政規費

分類	項目	內容
政府稅費	契稅	申報契稅金額（房屋評定現值）×6%
	印花稅	核定契價×0.001%（包含土地公告現值及房屋現值）
行政規費	買賣過戶登記費	（房屋現值＋土地申報地價）×0.001%
	書狀費	土地、建物各一張，每張80元
	他項權利設定規費	權利設定金額×0.001%

除了給政府的錢之外，還有一些其他費用，包含：仲介費、地政士委託費、開立履約保證專戶費用、保險費、銀行規費等。

▶圖表5-3　買房需要付的其他費用

項目	內容
仲介費	約 1% 到 2%（賣方付約 3% 到 4%）。
地政士委託費	通常由買方指定並付費，簽約費為 2,000 元，每辦一筆過戶費用為 10,000 元到 20,000 元。
開立履約保證專戶費用	通常為買賣價金×0.0006%，買賣雙方各付一半。
保險費	若有辦理房貸，銀行會要求你替標的物保火險及地震險，目前額度 150 萬元的基本險，每年的保費為 1,350 元。
銀行規費	常見名目有開辦費、帳管費、鑑價費，依各家金融機構而定。

除了以上費用外，還有水電費、瓦斯費和管理費，依據不同建物類型，有不同的收費方式。若購買的是中古屋，由賣方負擔交屋日前的水電相關費用，也可以由買方先繳費並留存根，再從交屋的尾款中扣除，避免前屋主拿了尾款卻未繳費。至於新成屋與預售屋，有的建商先向購屋者預收興建該住宅的水電費，實際費用採多退少補。建議可先問清楚需要付多少「代墊費」，並要求核對各項費用的收據及明細。

結語
什麼類型的房子都能賺到錢，重點是要動動腦！

　　本書舉了許多的分析案例，不難發現房地產這個領域，處處都有可以賺錢的機會，不同類型的產品有著不同的操作增值模式，重點是我們買房前要先仔細評估、做區域功課外，還要思考如何透過基本的裝修，為房屋創造更高的居住價值。

　　以我在民國 101 年，買進的一間靠近中壢市區，但門牌為平鎮區的房子為例，我稱它為「平鎮 3 號」。它的格局屬於傳統長方形建築，兩面採光有前後陽台，坪數 26 坪，在五樓頂樓，屋況非常差，遇到下雨天屋內還會下小雨。不過它的優點是近中壢海華特區，附近生活機能方便，又離中壢車站只有 5 分鐘車程，離占地 8,000 坪的新勢公園，也只要 3 分鐘的距離，於是當時以 130 萬元成交。

　　由於這間房子的屋況非常差，裡面到處都是不堪使用的舊家具，環境也相當髒亂，天花板還因為屋主長年在國外居住，屋頂鋼筋外露到有一部分一定要挖掉重蓋。後來我們總共花了 25 萬重蓋了一層 8 坪的天花板。並花了 150 萬元的工程款，連同頂樓外牆防水河重蓋費用，以及室內裝潢設計，再重做兩間衛浴。這間房子後來在民國 102 年，以總價 400 萬賣出，扣掉其他雜費、

稅費代書及仲介費，我賺了約 100 萬元左右。

由這個例子你就可以發現，其實什麼樣的問題都可以解決，而且越棘手的問題，往往能為你帶來越高的獲利空間。以下，我整理出三大重點，讓你在看房時，也能迅速看透房屋的增值潛力：

一、**區域**：判斷一個區域會不會增值，最簡單的標準就是看未來 10 年內，會買你這地方房子的人，會不會越來越多。不一定是土生土長的本地人口，還要加上外地移入人口，以台灣房地產的狀況為例，就可以看出桃園及台中這幾年淨移入人口每年持續增加，因此房價居高不下。反觀台北市這幾年明顯因為房價太高，導致居住人口往二線城市移動造成房價下跌。

二、**環境**：附近是不是有新公園綠地要規劃？街道鄰里間會不會定期共同維護道路的清潔與安全？離生活機能方便的地方，是不是在走路生活圈 10 分鐘的範圍？若臨近學校與公共圖書館行政中心也有加分的作用。

三、**房子的唯一性**：有無可取代的景觀，或是社區是評價優質管理的好社區，都是能為房屋加分的條件。通常要找出這類的優質物件，得仰賴自己勤看房、累積看房的經驗，並培養看房的眼光。例如：你可以主動擔任社區的主任委員，積極提案社區定期洗外牆及清潔的服務，提議建設多項公共設施，減少不必要的開支等。此外，若購買的住宅有裝鐵窗，把它拆掉換個大面透光窗戶，讓你坐在客廳就能享受美景，房子中間有柱子的話，就透過設計變成簡單的隔間與書櫃，都能把缺點修飾掉。

後記

我 25 歲，不只為房屋增值，也為人生增值！

很多朋友會私下約我見面聊天，以為學習我的操作方式及經驗，就可以很輕鬆的靠房地產致富，但大家沒想到的是，我每天花很長時間在房子身上，除了在網路上瀏覽房地產相關新聞並找物件外，就算遇到低溫 10 度以下的寒流，我還是騎著機車每天看十幾間房（因為桃園市中心房子的路很小車又多，開車看房極為不方便）。

其實我沒有大家想像中的那麼厲害，也沒有報章雜誌寫的多會賺錢，我只是單純地喜歡做自己熱衷的事物上，發掘自己的天賦，做自己想要做的事情，這對我而言才是最重要的事情。

在我第一本書《我 25 歲，有 30 間房收租》的後記裡，我也提到「為什麼全台灣沒有像樣的租賃品牌公司，可以幫助大家有更透明的資訊，能更輕鬆的租到好宅，住得更安心。」並達到改善台灣閒置破舊資產、降低空屋率，使房屋的居住品質提升到最好。也能鼓勵現在的房東，願意把自己的房子提供出來給更多需要的人使用，實現房子本身最原始的價值，這是我現在最想做的事情。

現在的我終於實踐自己真正想要做的事情，建立一間以創造
「居住價值」為理想的公司，也在最近有了自己的辦公室。創業
其實不是一條輕鬆的路，和投資房地產比起來，這個決定又傻、
又笨，又很容易虧錢，但是我很喜歡這樣真實的自己，更享受有
能一起成長、共同解決困難的夥伴。

同樣的，我也正在實現第一本書裡所說的承諾，藉由自己在
房地產領域裡所學的專業知識，與抱持著熱愛看房的心情，提供
一個網路平台，幫有需要的人解決房地產相關問題。

這本書對我意義重大，是因為它提醒著我，勿忘自己年輕時
最原始、最純真的初衷。我從來沒有鼓勵大家，把房地產當作自
己的專職事業，房地產可以是你投資工具項目之一，但絕對不是
你的唯一，因為每個人的生命經歷是不同的，但擁有自己的房
子，絕對是能為你的人生增值、創造幸福的事。

最後我要說，感謝大家給予我的祝福與支持，「我今年才是
真正 25 歲，我的人生故事才正要開始。」

終於也有了自己的辦公空間。

▶右宸推薦的書單

書名	作者	出版社
《房地產賺錢筆記》	王派宏／邵慧怡	早安財經文化
《20 幾歲就定位：小資 5 年成為千萬富翁的祕密》	林茂盛／陳俊成	好的文化
《我在房市賺 1 億》	月風（李杰）	布克文化
《勇敢，用桿：房地產快樂賺錢術》	慶仔	智庫雲端
《房市房事：搞懂人生財富最大條的事》	范世華	智庫雲端
《黑心系列三部曲》：黑心建商、投資客、房仲的告白	sway	推守文化
《買一間會增值的房子》	邱愛莉	文經社
《房市專家教你買一間會賺錢的房子》	徐佳馨	核果文化
《地產勝經 2007～2014》系列	馮先勉	碁泰

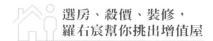
▶附錄一 　中古屋交屋檢核表

☐ 土地所有權狀（正本）：重新核算土地面積是否正確

☐ 建築物所有權狀（正本）：重新核算建物面積是否正確

☐ 建築改良平面圖謄本

☐ 屋況保證書：由房仲提供，注意保固內容、期限、
　 售後服務單位及電話

☐ 無輻射鋼筋汙染之保證書、非海砂屋保證書

☐ 相關設備使用手冊、電盤分盤明細

☐ 房屋鑰匙和門禁磁卡（交屋後務必更換新鎖）

☐ 水電費、管理費、稅費、規費等收據影本

☐ 地籍圖

▶附錄二　預售屋、新成屋點收交屋流程

| 屋況檢驗 | 驗收房屋、點交鑰匙 | 點交權狀、保證書等交屋文件 |

● 安全檢驗：
☐ 防火逃生通道是否暢通？
☐ 門禁卡是否安全？
☐ 還是每一戶都可以開？
☐ 制震或隔震系統是否確實？
☐ 門窗玻璃是否完整？
☐ 檢查電盤配置，並做電力檢測
☐ 緊急照明設施是否正常？

● 品質檢驗：
☐ 油漆是否剝落？
☐ 顏色是否不均勻？
☐ 磁磚是否平整？
☐ 接縫是否粗細不同？
☐ 客變的部分（天花板裝潢、其他施工）
☐ 收尾有沒有做好？

● 設備檢驗：
☐ 附贈的家具家電務必確認是否能使用？
☐ 抽油煙機能正常運轉嗎？
☐ 馬桶和水管是否暢通？
☐ 衛浴抽風機是否正常？
☐ 門鎖會不會卡鎖？
☐ 插座有沒有電？

☐ 當層建築平面圖
☐ 當層結構平面圖
☐ 直上層結構平面圖
☐ 直上層汙水排水設備平面圖
☐ 直下層汙水排水設備平面圖
☐ 當層冷氣套管預留平面圖
☐ 當層給水設備平面圖
☐ 當層汙水排水設備平面圖
☐ 當層電力設備平面圖
☐ 當層動力插座設備與照明設備平面圖
☐ 當層消防火警與灑水設備平面圖

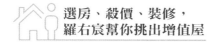
▶附錄三　驗屋檢核表

驗屋注意事項				
檢查項目		需注意下列事項	不滿意	滿意
1. 門：漆面是否完好？修補是否在可接受範圍內？				
1.1 玄關門	1.1.1	重新開啟玄關門，並試著上鎖及開鎖		
	1.1.2	鎖頭應與鎖孔正確密合，不致鬆動		
	1.1.3	玄關門在開啟及關閉時是否有不良的雜音		
	1.1.4	用手觸摸門片及門框有無撞傷、凹損或是烤漆脫落、鏽蝕		
	1.1.5	「門止」是否存在，並且未經損壞？		
	1.1.6	門扇在關閉時與地坪間的縫隙是否過大？是否平整？與門框是否閉合？		
1.2 臥室門	1.2.1	重新開啟，並試著上鎖及開鎖		
	1.2.2	鎖頭應與鎖孔正確密合，不致鬆動		
	1.2.3	門在開啟及關閉時是否有不良的雜音		
	1.2.4	用手觸摸門片及門框有無撞傷、凹損或是烤漆脫落、鏽蝕		
	1.2.5	「門止」是否存在，並且未經損壞？		
	1.2.6	門扇在關閉時與地坪間的縫隙是否過大？是否平整？與門框是否閉合？		
1.3 廁所門	1.3.1	重新開啟，並試著上鎖及開鎖		
	1.3.2	鎖頭應與鎖孔正確密合，不致鬆動		
	1.3.3	門在開啟及關閉時是否有不良的雜音		
	1.3.4	用手觸摸門片及門框有無撞傷、凹損或是烤漆脫落、鏽蝕		
	1.3.5	「門止」是否存在，並且未經損壞？		
	1.3.6	門扇在關閉時與地坪間的縫隙是否過大？是否平整？與門框是否閉合？		
1.4 廚房門	1.4.1	重新開啟，並試著上鎖及開鎖		
	1.4.2	鎖頭應與鎖孔正確密合，不致鬆動		
	1.4.3	門在開啟及關閉時是否有不良的雜音		
	1.4.4	用手觸摸門片及門框有無撞傷、凹損或是烤漆脫落、鏽蝕		

驗屋注意事項				
檢查項目		需注意下列事項	不滿意	滿意
	1.4.5	「門止」是否存在，並且未經損壞？		
	1.4.6	門扇在關閉時與地坪間的縫隙是否過大？是否平整？與門框是否閉合？		
1.5 陽台門	1.5.1	重新開啟，並試著上鎖及開鎖		
	1.5.2	鎖頭應與鎖孔正確密合，不致鬆動		
	1.5.3	門在開啟及關閉時是否有不良的雜音		
	1.5.4	用手觸摸門片及門框有無撞傷、凹損或是烤漆脫落、鏽蝕		
	1.5.5	「門止」是否存在，並且未經損壞？		
	1.5.6	門扇在關閉時與地坪間的縫隙是否過大？是否平整？與門框是否閉合？		
	1.5.7	如果陽台門為不鏽鋼或金屬製品，需注意門框是否有凹損（尤其是在門檻之處）？		
2. 窗：別忘了陽台外的窗戶和放置冷氣主機的框架				
	2.1	是否可緊密閉合？		
	2.2	是否可緊密上鎖不致鬆動？		
	2.3	窗扇開啟時是否順暢？		
	2.4	窗框及玻璃的表面，是否有刮痕、破裂存在？		
		註：有時窗戶開啟不順暢，是因為施工時的水泥渣及垃圾未清除乾淨。		
3. 裝修表面：主要包含天花板、牆面及地板。以『平整』為原則。				
3.1 天花板	3.1.1	粉刷是否平整？		
	3.1.2	顏色是否均勻？		
	3.1.3	有無龜裂的情形？		
	3.1.4	油漆有無脫落？		
3.2 牆面	3.2.1	粉刷是否平整？用手摸摸看。		
	3.2.2	顏色是否均勻？		
	3.2.3	有無龜裂的情形？		
	3.2.4	油漆有無脫落、明顯之刷痕？		

檢查項目		驗屋注意事項		
		需注意下列事項	不滿意	滿意
	3.2.5	有無發霉情形？		
	3.2.6	檢查開關插座等電氣蓋板旁，是否有破口的情形？		
	3.2.7	樑柱是否平整？		
		註：如何檢視牆面平整度？後背貼著牆，頭側過來以眼睛斜視的方式來檢視，就可以發現整面牆是否平整？		
3.3 地坪	3.3.1	施作完成的平整性與材料色澤紋理的均勻度？		
	3.3.2	每塊地磚的磚縫大小、色澤是否一致？		
	3.3.3	地磚的邊緣是否破裂或磨損？		
	3.3.4	「踢角板」是否平整、與牆面和地坪的縫隙是否過大？		
	3.3.5	「踢角板」表面是否有刮痕、磨損或油漆不均的情形？		
4. 衛浴：衛浴的裝修表面可比照 3 所述，以下以衛浴空間內之設備為主。				
4.1 洗臉盆	4.1.1	排水		
	4.1.2	將洗臉盆的止水塞塞上，開始蓄水，待水位上升至溢水口，看看水位是否不再上升？水可以從溢水口排出？		
	4.1.3	將水龍頭關起來，彎腰至臉盆下方，檢視排水管附近是否有漏水的情況？		
	4.1.4	將止水塞放開，檢視排水狀況，看看排水是否順暢無礙？		
	4.1.5	同時，再彎腰檢視臉盆下方的排水管，看看排水時是否產生漏水狀況？		
	4.1.6	洗臉盆台面是否有裂縫、刮傷、破損的狀況？		
	4.1.7	固定洗臉盆的螺栓是否完好、安全？		
4.2 水龍頭	4.2.1	水龍頭金是否有刮傷、烤漆脫落、鏽蝕等情形？		
	4.2.2	水龍頭的轉動是否順暢？		

驗屋注意事項				
檢查項目		需注意下列事項	不滿意	滿意
	4.2.3	轉動時可否輕易的控制出水量的大小？		
4.3 鏡子	4.3.1	鏡面是否平整？		
	4.3.2	有無刮傷、破裂？		
		註：如果是除霧鏡，把除霧開關打開，哈口氣，看看除霧功能是否正常？		
4.4 浴缸	4.4.1	先將止水塞塞住，開始蓄水，待蓄水量至一半時，將水塞拉起，檢視浴缸的排水功能是否順暢？		
	4.4.2	同時檢查浴缸的周邊有無漏水的狀況？		
	4.4.3	浴缸表面是否有刮傷、凹陷等表面瑕疵		
	4.4.4	轉動水龍頭，檢查是否可輕易的控制出水量的大小？		
	4.4.5	再將出水控制的開關切換到蓮蓬頭，檢查蓮蓬頭的出水狀況是否正常？		
	4.4.6	再將出水控制的開關切換到水龍頭，檢查蓮蓬頭有無瑕疵及軟管是否有漏水及變形的情形？軟管的長度是否足夠？		
4.5 淋浴間	4.5.1	淋浴隔屏的密閉防水性是否良好？方法：在淋浴間內，將隔屏關起，開啟蓮蓬頭試著朝隔屏沖水，隔屏的接縫及地坪處都要沖沖看，然後走出淋浴間，看看淋浴間外的地面是否有被水濺溼？		
	4.5.2	隔屏的開啟及推拉是否順暢？		
	4.5.3	隔屏上是否有刮痕等瑕疵？		
	4.5.4	淋浴間的排水是否順暢？		
4.6 馬桶	4.6.1	表面：有無刮痕、破損、裂痕？		
	4.6.2	馬桶蓋表面是否有瑕疵？拿起放下時，有無鬆動、固定不良的情形？		

驗屋注意事項			
檢查項目	需注意下列事項	不滿意	滿意
	4.6.3 檢查沖水量及排水情形是否正常？		
	4.6.4 沖完後再觀察一下，聽聽看，是否水箱注水至一定水位後即停止？		
	4.6.5 同時檢查馬桶的周邊在沖完水後有無漏水的情形？		
4.7 抽風扇	4.7.1 電燈開啟時抽風扇是否有運轉，運轉時的聲音是否過於吵雜？		
4.8 其它	e.g. 置物架、漱口杯架、肥皂架、牙刷架		
	4.8.1 安裝是否牢靠？是否容易鬆動？		
	4.8.2 五金的烤漆是否脫落、生鏽、刮痕或破損？		
5. 廚房			
5.1 櫥櫃	5.1.1 試著將每一扇門片打開並關起，門扇的安裝是否正確？		
	5.1.2 是否可以正常閉合？		
	5.1.3 把手是否安裝穩固？門片鉸鍊是否有生鏽的情形以致轉動不順？		
	5.1.4 門扇內如有抽屜、拉籃，順道檢查抽拉時是否滑順？		
	5.1.5 櫥櫃內的隔板是否有遺漏？菜刀架固定牢靠		
	5.1.6 櫥櫃是否有刮傷、撞傷及烤漆脫落的情形？		
	5.1.7 櫥櫃門扇在開啟時是否會撞到燈具、灑水頭等天花板上的設備？		
5.2 台面與洗滌槽	5.2.1 檢查表面是否有刮痕及撞傷？		
	5.2.2 台面與水槽之間會以矽膠封邊，要檢查矽膠是否有破損，封邊是否完整？		
	5.2.3 將洗滌槽的止水塞塞上，開始蓄水，待水位上升至溢水口，看看水位是否不再上升？水可以從溢水口排出？		

驗屋注意事項				
檢查項目		需注意下列事項	不滿意	滿意
	5.2.4	將水龍頭關起來,將水槽下方門片打開,檢視是否有滲漏的情況?		
	5.2.5	將止水塞放開,檢視排水狀況,看看排水是否順暢無礙?		
	5.2.6	同時,再彎腰檢視水槽下方的排水管,看看排水時是否產生漏水狀況?		
5.3 瓦斯爐	5.3.1	將開關啟,看看運轉是否正常?		
	5.3.2	運轉時是否產生異聲?		
	5.3.3	瓦斯軟管接頭是否緊密固定?		
5.4 排油煙機	5.4.1	將開關啟,看看運轉是否正常?		
	5.4.2	運轉時是否產生異聲?		
	5.4.3	小燈是否可正常開啟?滴油油杯與過濾油煙的網紙是否有遺缺?		
	5.4.4	油煙管出口位置與方向?		
6. 機電設備:包括開關、插座、電燈、對講機				
6.1 電源開關箱	6.1.1	開關箱面板是否平整?是否有撞傷凹陷的情形?		
	6.1.2	試著開啟開關箱,看看開啟及關閉時是否順暢,閉合時是否緊密?		
	6.1.3	檢查開箱內的線路是否整齊?		
	6.1.4	每個迴路是否均明白標示?註:此項檢查結束後,先將所有的迴路開至ON處,以便待會兒一一檢查開關及燈具。		
6.2 室內對講機	6.2.1	使用手冊是否已提供?		
	6.2.2	檢查呼叫功能、收訊功能、警報功能及按鈕的正常運作…等。		
6.3 插座孔	6.3.1	插座面板是否平整、有破損或污染?是否有翹起無法閉合的情形?		
	6.3.2	請準備插座檢測儀,插入插座內,以顯示有無電流?		

		驗屋注意事項		
檢查項目		需注意下列事項	不滿意	滿意
	6.3.3	別忘了冷氣插座、廚房台面上的插座、浴室台面上的插座、電話出線口、電視出線口、網際網路出線口等，也要檢查。		
6.4 開關	6.4.1	依6.1註，將所有的電源開啟，檢查：		
	6.4.2	所有燈具是否正常？		
	6.4.3	開關面板品質是否良好？有無污損現象？		
6.5 其他		注意如開關有夜視功能，要檢查小亮點的亮度是否足夠？		
7. 其他				
7.1 瓦斯	7.1.1	使用是否無問題？		
	7.1.2	開熱水看會不會漏氣？		
		註：包括浴室和廚房		
7.2 冷氣管路	7.2.1	使用是否無問題？排水是否暢通？		
7.3 清潔	7.3.1	房子是否清理乾淨？		
7.4 安全設施	7.4.1	是否有停電照明設施？		
	7.4.2	是否在樓層或各樓梯間裝置防火器		
		註：例如消防、逃生、停電照明設備是否齊全且功能正常？		
7.5 陽台外鐵窗（包含冷氣主機之放置處框架）	7.5.1	是否可緊密閉合？		
	7.5.2	是否可緊密上鎖不致鬆動？		
	7.5.3	窗扇開啟時是否順暢？		
	7.5.4	窗框及玻璃的表面，是否有刮痕、破裂存在？		
	7.5.5	有時窗戶開啟不順暢，是因為施工時的水泥殘留及垃圾未清除乾淨，可要求工班於細清時處理。		

國家圖書館出版品預行編目(CIP)資料

選房、殺價、裝修，羅右宸（全圖解）幫你挑出增值
屋：房地合一激出脫手潮，30 年最佳購屋時機！從選房
到裝修，經手100 間屋子的達人幫你搞定 / 羅右宸著. --
臺北市：大是文化，2016.5
256面：17×23公分. --（Biz：190）
ISBN 978-986-5612-49-8（平裝）

1.不動產業　2.投資

554.89　　　　　　　　　　　　　105004333

Biz 190

選房、殺價、裝修，羅右宸（全圖解）幫你挑出增值屋

房地合一激出脫手潮，30 年最佳購屋時機！
從選房到裝修，經手 100 間屋子的達人幫你搞定

作　　者／羅右宸
影音協助／陳俊祥
責任編輯／賀鈺婷
美術編輯／林彥君
副總編輯／顏惠君
總 編 輯／吳依瑋
發 行 人／徐仲秋
會　　計／許鳳雪、陳嬅娟
版權經理／郝麗珍
行銷企劃／徐千晴、周以婷
業務專員／馬絮盈、留婉茹
業務經理／林裕安
總 經 理／陳絜吾

出 版 者／大是文化有限公司
　　　　　台北市衡陽路 7 號 8 樓
　　　　　編輯部電話：（02）2375-7911
　　　　　購書相關資訊請洽：（02）2375-7911 分機122
　　　　　24小時讀者服務傳真：（02）2375-6999
　　　　　讀者服務E-mail：haom@ms28.hinet.net
　　　　　郵政劃撥帳號 19983366　戶名／大是文化有限公司

法律顧問／永然聯合法律事務所
香港發行／豐達出版發行有限公司 Rich Publishing & Distribution Ltd
　　　　　地址：香港柴灣永泰道 70 號柴灣工業城第 2 期 1805 室
　　　　　Unit 18058, Ph .2, Chai Wan Ind City, 70 Wing Tai Rd, Chai Wan, Hong Kong
　　　　　電話：2172 6513　傳真：2172 4355
　　　　　E-mail：cary@subseasy.com.hk

封面設計／孫永芳
封面攝影／吳毅平
內頁排版／張昭山
印　　刷／鴻霖印刷傳媒股份有限公司

出版日期／2016 年 5 月初版
　　　　　2019 年 5 月 10 日初版 6 刷
定　　價／360 元
ISBN　978-986-5612-49-8